可复制的
领导学 系列

不一样的领导学

管理三会

会识人 会用人 会管人

高远 / 主编

三辰影库音像电子出版社
SUNCHIME
北 京

图书在版编目（CIP）数据

管理三会：会识人，会用人，会管人/高远主编
. 一北京：三辰影库音像电子出版社，2021.10
（不一样的领导学）
ISBN 978-7-83000-513-9

Ⅰ.①管… Ⅱ.①高… Ⅲ.①企业管理—人力资源管理 Ⅳ.① F272.92

中国版本图书馆 CIP 数据核字 (2021) 第 062949 号

管理三会：会识人，会用人，会管人

责任编辑：王 伟
责任校对：韩丽红
排版制作：文贤阁
出版发行：三辰影库音像电子出版社
社址邮编：北京市朝阳区东四环中路 78 号 11A03，100124
联系电话：（010）59624758
印　　刷：阳信龙跃印务有限公司
开　　本：880mm×1230mm　1/32
字　　数：454 千字
印　　张：25
版　　次：2021 年 10 月第 1 版
印　　次：2021 年 10 月第 1 次印刷
定　　价：150.00 元（全 5 册）
书　　号：ISBN 978-7-83000-513-9

现代管理学之父彼得·德鲁克认为："确实有一些人天生就具备领导人的特质，但这样的情况只是少数，领导力是一种必须经过不断学习的过程。"

可见，领导力并不完全是与生俱来的，而是后天努力获得的，是一种可以掌握的、可以复制的技能。只要付出足够的努力，掌握了其中的秘诀，任何人都能拥有领导力。

你拥有领导力吗？

即使你是总裁、总经理，也不代表你就自然拥有领导力。所谓领导力，不仅在于学识、能力、品质，还在于是否具有影响别人的号召力，以及自如驾驭他人，包括比自己强的人的感召力。

追根究底，领导工作，本质是一种沟通、协调人与人之间的关系的工作，是一场错综复杂的心理博弈。一个卓越的领导者，要能透过表面看透人心，科学地识人、用人；要能深谋远虑，深谙制衡之术，收拢各种人才。真正的领导力，应该能使羊群变狼群，打败真正的狼群。

该怎样获得领导力呢？

学习，学习，还是学习。

本书是一本真正有含金量的、有参考价值的实用性领导学书籍，内容丰富，逻辑清晰，语言简洁，本书从如何带团队、如何管理小团队、如何拥有高情商领导力及如何识人、用人、管人等方面，全面分析领导力。其中，不但有精辟的理论阐释，还有经典的企业案例、历史名人案例和现实生活案例，以及实用的技巧策略，适合每一位领导者及想要成为领导者的人才。

正如彼得·德鲁克所说："并不是只有高管才是管理者，所有知识工作者，都应该像管理者一样工作和思考。"学会领导力的秘诀，掌握管理者的思考模式，将有助于职场的人际交往，有助于提高工作效率以及个人的职业规划。提升领导力，会影响越来越多的人，会让更多的人追随你，让你成为更卓越的人。

总之，个人和企业发展兴衰荣辱的绝大部分，都源自领导力！

目录
CONTENTS

第五章
树立威信，权驭下属

第六章
处事公平，为人公正

第七章
优胜劣汰，危机激励

第八章
化繁为简，高效前行

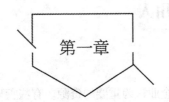

第一章

慧眼识才，选人有术

- ◆ 会识人才会用人
- ◆ 选用有信用之人
- ◆ 忠诚比智慧更有价值
- ◆ 消除"灯下黑"，别埋没公司内部人才
- ◆ 敬业之人值得尊重

会识人才会用人

　　人才是一家企业最为重要的资源。有些管理者对员工的作用不以为意，认为客户才是一家企业最为重要的资源。诚然，企业的利润主要来源于客户，但是，管理者必须明白这样一个道理：客户的挖掘、发展和维护是需要依靠人去完成的，企业中没有这样的人，客户是不会不请自来的。特别是在当今这个竞争激烈、产品丰富的时代，忽视"人"的作用，企业倒闭是可以被预见到的。

　　"世有伯乐，然后有千里马。"这句话准确地讲出了甄别人才对于管理者的重大意义。企业的发展离不开人才，企业的管理者必备的能力之一，便是像伯乐识别千里马那样甄别人才。只有会识别人才，才能做到知人善任。

　　一位企业家曾经讲过："比资产更重要的是人。"人才是促进企业稳定发展的第一动力，人才储备不充分，企业将难以实现跨越式发展。

　　闻名于世的大企业都是轻财重士、知人善任的。比尔·盖茨曾这样感慨："如果我们最顶尖的人才全部被挖走，那么，我告诉你，微软将会变成一家可有可无的公司。"此话表达的意思很明确：对微软公司的发展起到决定性作用的是人，以及微软公司对于人才的重视。

先识人后用人，知人方能善任。公司进行发展的前提是招揽人才，人才的建设是公司实现宏伟蓝图的重要基础，这就要求管理者必须掌握"伯乐相马"的技能，招揽到最适于公司发展的人才。管理者在挑选人才的过程中，一定要公平公正、全面客观，这样才能发现他们的优点与缺点。

人才是一个企业在激烈的行业竞争中脱颖而出的保障。只有知人善任，企业才能立于不败之地。三国时期，诸葛亮虽然不会舞刀射箭，但是他善于运筹帷幄和调兵遣将。所以，诸葛亮使刘备集团的力量日益强大，并促成了三足鼎立局面的形成。

湖北省的"观音岭"是贡茶重要的生产基地，这里出现了一家新的贡茶公司。这家贡茶公司生产的茶叶品质都属上乘，但销量并不高。公司的负责人老周明白，公司急需一位既懂管理又熟悉茶叶销售的人才。

有一天，老周无意中得知，他的一位朋友认识一位茶业厂的厂长，这位厂长曾经把一家茶叶作坊发展成了全国知名的大型茶业公司，但是这位厂长已经退休。老周看到了提升销量的希望，于是打算亲自上门拜访这位厂长，并邀请他到自己的公司来做经理。

第一次上门拜访，厂长以自己年事已高为由回绝了老周的邀请。厂长的拒绝给老周泼了一瓢凉水，于是老周闷闷不乐地离开了。虽然老周这次出师不利，但是在与这位厂长交谈的过程中，他发现这位厂长正是自己急需的人才。

老周下定决心哪怕"三顾茅庐"，也要邀请厂长这个"诸葛亮"重出江湖。老周第二次登门拜访厂长的时候，天气状况不佳，赶上瓢泼大雨，于是老周这一次获得了和厂长促膝长谈的机会。在两个小时的时间里，老周和这位厂长相谈甚欢，但是厂长还是回绝了老周的邀请。虽然厂长再一次拒绝了他，但是通过这两次与厂长的交谈，老周更加确信这位厂长就是自己苦寻已久的人才。

老周第三次拜访厂长之前，做了精心准备，他选在了厂长母亲生日那天登门。他特意给老人家定做了一个大蛋糕，并为老人家祝寿。老人家对老周的印象非常好，在了解了他此行的目的之后，对自己的儿子说："他如此有诚意，你就答应他吧，我的身体很健康，不需要你操心。"

原来这位厂长之所以拒绝老周的邀请，主要是因为母亲已经是耄耋之年，他担心母亲的身体，所以打算在家多陪陪母亲。于是，老周说："虽然我的茶厂在很偏僻的地方，但我只需要您做管理工作，不用到茶厂坐班，您可以不用离开本市。"这次，厂长没有理由拒绝了，便接受了老周的邀请。

有了厂长的运筹帷幄，老周的公司发生了翻天覆地的改变，产品销量大幅度提升，很快便成为在业内很有影响力的公司。

学会识人对管理者来说太重要了，慧眼识人、知人善任是每位管理者必须具备的技能。世界上全才很少，也就是说，专才是大部分的常态，所以管理者要坚持用人之长的原则，去发掘这些专才身上的闪光点。一个人的专长能否得到充分施展是非常重要的。

人才之于企业犹如水之于鱼，鱼离开了水，鱼的生命就会终止，同理，企业离开了人才，企业的发展就无从谈起。管理者识人要胆大心细，勇于开拓，善于发现，要能从一件无关紧要的小事上发掘人才，并重用人才。

选用有信用之人

某公司下属的一家子公司近两年来效益一直不好，总部便把管理能力突出的王常亮派往子公司，要他进行整顿。

在去往子公司的路上，王常亮的车出了些小问题，为了安全起见，他便就近去了一家汽车维修店。

在等待维修的过程中，他看到一位顾客对店内的工作人员说："兄弟，在我的帐单上多写点儿零件，我回公司报销后，给你点儿好处，怎么样？"可那位店员并不买账，他说："那可不行，我不能造假。"那位顾客没有轻易放弃，纠缠道："我的工作需要每天在外面跑，光顾汽车维修店的概率可是很高的。我之前在另一家店常这么干，我保证你能得到不少好处！"可店员还是不为所动。那位顾客碰了一鼻子灰，不高兴地嚷嚷道："你怎么这么死心眼儿呢？白捡的便宜都不要，傻子！"然后便气呼呼地离开了这家店。

王常亮心想，通过这件小事就可以看出此人毫无诚信，人品低劣，哪家公司聘用了这样的人可真是不幸。

很快，王常亮的车维修好了，他便立即驶向了子公司。

到了子公司后，戏剧性的一幕出现了，原来刚才在店里要求店员作假的那个人竟然是子公司销售部的一名员工。他在得知王常亮就是总部调来的总经理之后，脸一下子变得煞白；而王常亮也没想到那不幸的公司原来就是自己所在的公司。这件事坚定了王常亮大力整顿子公司的决心。他首先辞退了那名不讲信用的员工，而对方被抓了个现行，心虚得很，也后悔得很，他不敢辩驳什么，便灰溜溜地走了。

宋代理学家周敦颐曾言："诚者，圣人之本，百行之源也。"如果一家企业的员工都不把讲信誉当回事，那么这家企业将会寸步难行。所以，在实际工作中，管理者越来越重视员工的信誉。管理者在招募人才、使用人才的时候，都倾向于选择那些讲信用的人。

一般来说，不讲信用的人往往见利忘义，他们那短浅的目光，虽然会让其在短期之内尝到一些甜头，但从长远来看，不过是饮鸩止渴罢了，最终只能是断送了自己的大好前程。作为一个管理者，你敢把重要工作交到一个不讲信用的人手里吗？诚实守信、取信于人是为人之道的重要原则。一个人在与他人交往时，肯定是倾向于跟那些一言九鼎的人交往；反之，如果这个人在与他人交往时总是失信于人，相信大多数人都会对他敬而远之。

某地知名的文化传媒公司因为薪酬待遇特别好，所以每年都会吸引许多职场精英慕名而至，但该公司每年只需要招募一百人左右，所以为了能为公司招聘到最合适的员工，面试官经常要百里挑一甚至千里挑一。

该公司作为当地最具影响力的文化传媒公司，很重视公司品牌的维护，并积极打造诚信、向上、健康的公司口碑，因此该公司十分看重员工的信誉问题，这也是该公司在招募员工的时候会重点考查的部分。其实，在面试时判定一个人是否讲信誉是不容易的，有的人在日常生活中的表现与面试中的表现会有天壤之别。所以新员工正式入职后并不是就高枕无忧了，在之后的工作过程中，只要员工有了不诚实的地方，如伪造学历，对客户不讲诚信，当着领导一套背着领导一套等，该公司都不会继续留用此人。因为坚持这样做，所以，该公司在行业内外一直都是诚实守信的楷模。

同时，留用的员工还要定期接受该公司的专门培训，这个培训主要是让员工接受品德教育，比如有关信誉方面的课程，引导员工迅速地与公司融为一体，让员工深入领悟诚实守信的重要性。公司的管理者也会定期接受类似的培训。

对企业来讲，信用可分为内部信用与外部信用。内部信用是指员工之间，或者管理者与普通员工之间形成的一种彼此信任的工作氛围，有了这样的氛围，企业全部成员才能团结一致，共同奋斗。外部信用则是指企业在市场中的信誉程度，很明显，一家诚实守信的企业更容易获得合作方的认可，从而更快速地发展壮大。

企业发展壮大的基础是人，而讲信用是一个人最重要的品质，所以对管理者来讲，雇用那些讲信用的人是十分必要的。一个企业的管理者可以为企业构建非常完善的制度，但如何使员工展现出高效的执行力是一个值得思考的问题。对一个不讲信用的员工来讲，那些规章制度就是一纸空文。因此管理者要想让企业运行得井井有条，就需要依靠那些讲信用的员工。

企业在招募员工的时候，要善于发掘那些讲信用的人，并且给予他们一定的信任，倘若这些人与公司的职位需求很契合，那他们就是企业最需要的人才，必定能使企业产生丰厚的收益。

很明显，如果一个员工不讲信用，就不会有人希望与他产生任何交集，那么他在职场的发展道路也就变得异常艰难。同样，对企业来讲，如果缺乏信用，企业发展将会举步维艰。所以为了企业的长久发展，管理者在挑选人才的时候，尽量雇用那些讲信用的人吧，这样企业才能走得更长远。

忠诚比智慧更有价值

忠心耿耿是高于精明强干的职业素养，是一位员工能否在企业安身立命的根本原则。由此可见，只有全部员工忠于企业，大家才能齐心协力，使企业走向辉煌。

忠诚具有无穷的魅力，它是员工的重要财富，若你遗失了忠诚，那你就遗失了做人的准则，也就失去了在职场的安身立命之本和成功的契机。

这个社会不缺少精明强干的人，缺的是既精明强干又忠心耿耿的人。相比之下，企业最需要的是员工对企业的忠诚，因为一个人的品德跟这个人是否精明强干没有必然的联系，对企业来讲，相较于智慧，忠诚更具有价值。

关若麟在一家公司做顾问时，有一位曾经的同事特意请他吃饭，请求他帮个忙。这位老同事名叫余嘉，他想跳槽到关若麟所在的这家公司，可是求职简历投了几次都石沉大海。他知道关若麟在这家公司很有话语权，便想拜托他打听一下其中缘由，最好能在公司老总面前美言几句。关若麟知道，余嘉是名校毕业，且专业能力非常强。他想这样的人才进入自己所在的公司是很有益处的，便决定帮这个忙。

于是，关若麟找了一个恰当的机会专门和公司的蔡总谈起了这件事。

"蔡总，您有看到过一个叫余嘉的人的求职信吗？我和此人在一个公司工作过。据我所知，这个人在技术上是非常厉害的。"关若麟说。

"我知道他，但不想聘用他。"蔡总说。

"为什么呢？"

"你只知道他能力出众，你是否了解他的人品呢？他现在在咱们公司最大的竞争对手那里上班。有一次，我和他在一场活动上碰到了，他和我说他掌握了那家公司的很多核心机密，若我肯高薪聘用他，他愿意将那些核心机密双手奉上。我当时为了避免尴尬，并未明确拒绝他，只说考虑一下。之后我便看到他往咱们公司递了求职信。"

"您是担心若重用余嘉，他对您的核心机密了如指掌后，也可能背叛您，对不对？"关若麟问。

"对啊，他是一个忘恩负义、见利忘义之人！他之前供职的那家公司给予了他高薪要职，可他还是想背叛自己的老板。有了第一次，肯定会有第二次，我怎么敢聘用这样的人呢？"

没有一位企业的领导者会重用一位不忠诚的员工。渴望员工效忠自己的企业，是所有企业领导者共同的心愿。如果一家企业出现一位靠出卖企业利益谋求私利的员工，那么就相当于这家企业内部被安放了一枚定时炸弹，致使企业蒙受巨大的损失。企业因为员工的不忠诚会招致怎样的麻烦，企业领导者自然心知肚明。

忠诚是极其可贵的品质。对一个人来讲，能力固然重要，但是一个人是否具备优秀的品质更为重要。

丰田公司曾流传着这样一个故事。一位丰田的员工在正式会见女儿的结婚对象时，非常严肃地向未来女婿提出："我无其他要求，只是希望以后你的家人和你自己必须买丰田车！"这位丰田员工对企业的忠诚可见一斑。

和企业融为一体是员工忠于企业最行之有效的方式。一位员工一旦成为企业的一员，事实上就接受了企业既有的规则、惯例、人际关系等。接受了这一切，并将它们转变成自己的思想理念，然后与其他员工彼此之间达成默契，在共事的过程中具有互相期望的依据，对企业的忠诚就成了一种惯常行为和思维定势，并且会进一步把"效忠企业"衍生为一种信念和准则。这样的忠诚稳如磐石。

忠于自己的企业，忠于自己的领导，与同事齐心协力、披荆斩棘，你将收获丰富多彩的人生经历，取得令人刮目相看的成就，收获满满的成就感和幸福感。忠心耿耿不仅不会使一个人错失良机，反而会使他获得更多的机遇。当今社会，忠诚是一种稀缺资源，在大家学识和能力不分伯仲的情形下，忠诚就是一个人在职场上安身立命的不二法宝。

大企业并不缺少那些精明强干的员工，缺少的是精明强干又忠心耿耿的员工。所以，两利相权取其重，员工的忠诚对企业来说更加重要。

消除"灯下黑"，别埋没公司内部人才

　　一位年轻有为的工程师供职于一家工厂，他不仅理论知识扎实，而且实践能力也是一流的。对于行业内出现的先进理念，他总能及时捕捉，并用最快的速度领悟，然后为工厂所用。所以，他在员工中很有威望。但是他有个缺点，就是经常在工作中不尊重工厂的领导。好在厂长胸怀宽广，由于非常赏识这位充满活力、富有想法的年轻工程师，厂长包容了他的缺点，让他担任车间主任。在这位年轻工程师的运筹帷幄下，车间的产量得到了大幅度的提升。后来，他又改进了车间的生产设备，让车间的效益翻了一番。

　　尽管大企业有很多员工，但是企业管理者还是经常觉得自己无人可用。其实，并非企业中没有可以为管理者所用之人，而是管理者忽略掉了那些隐藏在企业之中的人才。因此，在员工中挖掘可用之人，并让其逐步地得到磨炼，能力得到提升，是企业管理者必须具备的技能之一。

　　当今社会竞争激烈，人才的竞争决定了企业在激烈的市场竞争中是否可以脱颖而出。人才之于企业的发展犹如贤臣之于一个国家的兴衰那般，人才可以帮助企业在激烈的市场竞争中力挫各路强手。正因为如此，顶尖的人才才会被许多企业竞相追逐。很多企业管理者为了争夺人才而绞尽脑汁，甚至不惜挖竞争对手的墙脚。

与其绞尽脑汁、大费周章地从整个行业大量的从业人员中筛选人才，为什么不能转变一下思路，从企业现有的员工中选择一些能独当一面的可用之人予以培养，让他们蜕变为助推企业发展的新"引擎"呢？

松下集团有一位成就非凡的领导者，名叫中尾哲二郎，然而他最初仅仅是松下集团一个籍籍无名的员工。一次，松下幸之助在厂房巡查生产时，发现中尾哲二郎有许多过人之处，断定他日后可以成长为集团的"顶梁柱"。

日本当时正处于关东大地震后的经济重建时期，松下集团为了能继续经营下去，不惜用重金招募人才。中尾哲二郎那时只是松下分公司中的一名普通操作工，分公司的领导对他从来没有重视过。

一天，松下幸之助到这家分公司巡查生产，正好看见中尾哲二郎在专心致志地干活，便好奇地问他："你来公司多长时间了？"中尾哲二郎没有抬头，并说道："不到一年吧。先生，我向您表示歉意，我并不是不懂礼貌，而是我现在必须把注意力放在工作上，我要把零件一次性装夹好，才算完成任务。"

松下幸之助对他的回答非常满意，在离开时对分公司的领导说道："你手下有一位名叫中尾哲二郎的员工非常棒，他操作机器时的手法非常娴熟。"分公司的领导却不屑地说道："那个家伙整天废话连篇，对我说的话一向充耳不闻，甚至常常在工作中顶撞我，他能有什么能耐？"松下幸之助抿嘴浅笑，说道："既然你非常讨厌这位员工，那就让他到我这边来工作，你觉得怎么样？"

就这样，松下幸之助把中尾哲二郎从分公司调走了，后来中尾哲二郎因为在工作中表现优异，获得了松下幸之助的多次提拔，最后甚至成为集团的副总裁。

一位眼光独到的企业管理者，应该能通过员工的行为举止发现他身上的闪光点，那些闪光点就是员工可以被塑造的地方。这就和松下幸之助发现中尾哲二郎，并不拘一格地重用他是一个道理。

许多企业管理者经常感叹自己手下无人可用，事实上并不是公司没有人才，而是他们不能第一时间发现可用之人。手中的人才白白浪费着，管理者又大费周章、耗时耗力地去其他地方挖掘人才。这不得不引起所有企业管理者的思考，是不是因为你不会识人、用人，才感觉无人可用的？从现有的人员储备中发掘可塑之才，是管理者必须学会的一项技能。

无论从哪个方面来讲，从现有的人员储备中找到可用之人，都是益处良多的。

首先，现有的员工对企业的业务和工作程序很熟悉，工作效率必然高。其次，他们常年在企业的基层工作，非常了解企业的症结所在，这对处理企业发展中存在的问题大有裨益。所以，企业的管理者必须珍惜手下的员工，根据他们的特点安排适合他们的岗位，让他们学着独当一面。这既减轻了企业的薪酬压力，又能让管理者收获得力干将，必然能让企业大放异彩。

企业的管理者需要时常反省，总是感觉无人可用，是手底下真的缺乏人才，还是因为总想着发掘企业之外的人才，而忽视了手下员工身上的闪光点呢？

敬业之人值得敬重

皮尔·卡丹曾经说过："实实在在地把一枚扣子钉好，比裁剪出一套粗制的服装更加重要。"敬业是一种职业素质，能表现出一个人的职业操守。如果一个人不敬业，即便能力再强也不会受到人们的认可和尊敬；能力相对一般，但始终勤勤恳恳的人，终能找到适合自己发展的平台，并逐步实现自身的价值。

敬业，顾名思义就是一个人对自己所从事的工作抱有负责任的态度，把职业当作自身的一项事业去对待，并为此尽心竭力。敬业之人能秉持兢兢业业、细致入微的工作操守，即便付出再大的代价也绝不推辞，并能战胜各种困难，做到慎终如始。

一位导演才搬进新家两天，就有人登门拜访，他推开家门，一位邮递员正站在门外。"上午好！先生！这是您订的杂志。"邮递员说起话来带着一股兴高采烈的劲头，"我是小魏，是这个地区的邮递员。我借着送杂志的机会，顺便拜访您，欢迎您的入住，同时也想进一步了解您。"这个小魏，中等身材，相貌普通，但他的真挚和热情却非常打动人。他的行为让导演既欣慰又好奇，因为他之前从没有碰见过像他这么热情的邮递员。他告诉小魏，自己是一位导演。"既然是导演，那您一定经常不在家了？""是的，我忙起来的时候是有可能一连几个月不在家的，这是我的工作性质决定的。"小魏点点头说："既然如此，那您出差不在家的时候，我可以把您的杂志代为保管，等您在家的时候，我再打包好，给您送来。"

小魏的负责让这位导演很惊讶，不过他对小魏说："不需要这么麻烦，把杂志搁到报箱里就可以了。"小魏却耐心地解释说："导演先生，窃贼会经常检查住户的报箱，如果发现报箱里塞满了刊物，就表示住户出门在外，那您家就很有可能会遭受一些损失。这样吧，一开始我还是先给您送到报箱，如果报箱里杂志多了您却一直没取，我就替您保存，直到您回来。"

这位导演被小魏的敬业精神深深折服了，最终他对小魏这个贴心的提议表示赞成。

一段时间后，这位导演结束工作回到了家。第二天小魏不但把他保存的杂志都给这位导演送来了，还送来了一个快递包裹。包裹上面贴着一张纸，描述了事情的来龙去脉。

原来，导演不在家的时候，他的朋友给他寄了一个包裹。快递员见家里没人就将包裹放在了他家门口。幸运的是小魏发现了他的包裹，就将它拿走了，并妥善保管着。

小魏已经不是在简单地投递刊物了，而是以最高标准履行好一个邮递员所必须履行的所有职责，这种从顾客的需要出发的人性化的服务，非常难能可贵。他为大多数希望在工作中大有作为的人做出了表率。小魏从事着默默无闻的工作，却富有相当崇高的敬业精神。在以后的很长时间里，导演一直受惠于小魏的贴心服务。一旦导演的报箱里被乱七八糟地塞满各类邮件，那小魏一定是在休假。只要小魏在他所负责的邮区里工作，一切就总是那么井井有条。

我们可以从小魏的事例中看出，敬业的思想基石是以职业为使命，薪酬待遇赋予不了敬业给人带来的幸福感，这是因为认真履行职责，不但可以给人带来成就感，还能让人获得周围人的赞扬。

美国著名的出版家和作家阿尔伯特·哈伯德说过："一个人可以没有一流的能力，但只要有敬业精神，就能获得行业内外的认可。虽然有些人的能力出类拔萃，但他们缺乏职业道德，一定会遭到行业内外的唾弃。"

一个人有卓尔不群的能力固然对公司发展有利，但管理者在选人时，不能只看这一方面，还应充分认识到敬业精神的可贵。能够恪守职业操守的人，无论走到哪里都能发光发热。

第二章

唯才是举，不拘一格

◆ 英雄不问出处，识人别看出身

◆ 相貌不是人才的"名片"

◆ 不以个人好恶选拔人才

◆ 择才不必追求完美

◆ 合适的人才就是最好的人才

英雄不问出处，识人别看出身

一家公司的市场总监讲过这样一件事情："我曾经带过这样一位员工。她长相普通，学历也不高，在所有的员工中，她是最平平无奇的一位。但是，她工作勤勤恳恳，经常积极地向老员工讨教经验，之后又用心践行从老员工那里学习到的经验。我认为她非常有潜力，就让她从事主管助理的工作。她果然没有辜负我对她的期望，成长得很快，现在已经可以在市场部独当一面。"

最近几年，虽然职场上"重能力，轻学历"的呼声越来越多，但受固有思维影响，一些管理者在招募员工的时候仍然着重考查学历，觉得学历越高，能力也就越强。从某个方面来讲，这种认知有一定的道理，学历高表明一个人受教育的程度高，同时也表明一个人在学习方面下了很大功夫，并且头脑比较聪明。

但是，如果认为能力和学历完全成正比的话，那就有些片面了。有些企业管理者在选拔人才时，持续在招聘要求上提高学历方面的门槛，从专科升至本科，现在连本科也不在他们的考虑范围内，他们只会考虑选用那些拥有硕士研究生及以上学历的人才。

事实上，这种做法具有很大的局限性，会让企业与许多能力出众、技术精湛的人才失之交臂。作为管理者，必须将眼光放长远一些，唯才是用，这样才能将真正的人才纳入麾下。

某家高科技企业的董事长认为只有高学历的员工才能确保企业的高速运转，所以该企业从董事长到基层员工的学历最起码是硕士研究生。但后来发生的一件事，让董事长的认知发生了很大的转变。

在一次毕业生双选会上，有一位本科毕业的学生毛遂自荐。本来本科毕业的应聘者压根儿不在面试官的选择范围之内，但为尊重对方，面试官还是与这位勇敢的本科生进行了简短的交流。令面试官意想不到的是，在交流的过程中，面试官发现这位本科生谈吐大方，思路清晰，逻辑缜密，并乐于学习和倾听。

经过权衡，面试官决定把这位毛遂自荐的本科生推荐给董事长。因为这位学生学历不够，所以董事长对他的简历丝毫不感兴趣。但面试官一再强调这位本科生身上的亮点，董事长最终决定给这位本科生一个证明自己的机会。后来这位本科生在工作中大放异彩，面试官当初真的没有看错他。

他心里清楚自己没有高学历，所以对这个可遇而不可求的机会倍加珍惜。在平时的工作中，他始终对自己严格要求。在完成自己本职工作后，他还非常乐意给予同事们一些自己力所能及的帮助，因此，与同事们相处融洽。他还勇于知难而进，并大胆地提出自己的想法。通过一段时间的磨炼，他成长为所在部门的骨干。

从此之后，这家公司不再执着于聘用硕士、博士，董事长也认为只要满足企业的要求，应该让不同风格的人到企业来发展。

社会发展至今，许多企业的管理者在用人的时候还是会在潜意识里对他们"论资排辈"。殊不知，"论资排辈"的做法会打压有真才实学的人，使组织变成一潭死水，从而延缓企业发展的脚步。古人云："资格为用人之害。"只有唯才是举、不拘一格，才能让有真才实学的人为企业所用。

从这方面看，现代企业的"将帅"们很有必要参考和效仿那些唯才是举的古人的做法，不能简单地通过一个人的长相、学历等因素就轻易否定一个人。

"我劝天公重抖擞，不拘一格降人才。"清代诗人龚自珍的诗句，时至今日，依然使人们感到震撼。管理者在招募人才时，一定要将眼光投放在那些有真才实学的人身上，即便他们学历不高，也应该委以重任。而那些空有高学历，却缺乏能力的人，则不需要在他们身上耗费时间和精力。

相貌不是人才的"名片"

有这样一则寓言：一只绵羊第一次见到花豹的时候，被对方身上漂亮的豹纹惊呆了，它甚至忘记了父母曾经对自己的警告——不要根据外貌来评判对方的品质。绵羊太喜欢花豹的美丽花纹了，竟情不自禁地上前去抚摸豹纹，凶残的花豹对这只自动送上门的猎物毫不留情，一口咬断了它的脖子。绵羊临死前哀叹道："我真傻，我不该仅凭外貌来评判花豹的内在啊！"

俗话说："人不可貌相，海水不可斗量。"通过外貌和表情来判断一个人，只是识人的一种辅助方式。管理者不能被员工的相貌蒙蔽了双眼，应该由外到内，通过现象看清他们的本来面目。如果走向极端，把识人等同于以貌取人，那就一定会与真正的人才失之交臂。

晋代学者葛洪在《抱朴子·外篇》中意味深长地说，通过一个人的外貌是无法把握其内涵的，一个人的能力也不可能通过外貌表现出来。有些人相貌平平，甚至臼头深目，却是旷世奇才；有些人虽然相貌端庄，却是绣花枕头。如果以貌取人，很有可能导致选人失误。

　　一家企业的管理者只有全方位地审视一个人，才能真正识别出人才，并将他们放到最合适的岗位上，而这些可不是凭借一个人的外貌就能够看出来的。

　　有些管理者在甄别人才的过程中，时常会被下级的相貌或甜言蜜语等外在的东西所迷惑，然后把重要工作交付给这样的下级去完成；经过时间的检验，才发现大错特错。因此，不通过外貌来甄别人才是管理者需要遵循的识人准则。但是，如何遵循这项准则呢？应该把握以下几点。

1. 看内涵

　　企业管理者应掌握"察言观色"的本领。优秀的管理者，能通过一个人的行为举止，看出一个人的内在追求。一个人一旦沉浸在他扮演的角色中，多多少少都会流露出表演的痕迹，只有那些德才兼备的人，才会像一块尚未被打磨、抛光的翡翠原石，看上去其貌不扬，没有闪光点，但是在深入地接触之后，通过他们的言谈举止就能感受到他们大智若愚的内涵。管理者如果能够慧眼识珠，不以穿着打扮和外貌来评判一个人的话，那么企业必将人才济济。

2. 看品质

　　我们在选用人才时，要求一个人才华横溢，这是毋庸置疑的，可事实上，品质比一个人的才华更重要。许多知名企业在招聘员工时，对考察一个人的品德问题都非常重视，那些跟企业"离心离德"的人，即使在能力上出类拔萃，企业也不会考虑。一些初出茅庐的年轻人，缺乏久经职场之人的从容淡定，显得局促不安、傻里傻气、胆小自卑或落魄不堪，如果面试官仅仅凭借外貌选择人才，就可能将这样的人放弃。然而这样的年轻人带着真性情，他们说的话都发自肺腑。在和他们交流的过程中，很容易了解到他们的实际感受。若他们有着可贵的内在品质，那些聪明的面试官也往往愿意给他们一个机会。

3. 看成长价值

管理者在甄别人才的时候，务必要对人才的成长价值予以重视。能慧眼识珠的企业管理者就是"伯乐"，他所要做的就是在"千里马"难以发挥所长的时候，甄别出他与"普通马"的不同之处。如果"千里马"早已在职场纵横驰骋，又何须"伯乐"去甄别呢？

4. 头脑清醒

企业管理者在甄别人才的时候，必须保持清醒的头脑，不能让别人左右自己的想法，要有自己独到的观点。对待成名已久的人才，不能只关注这位人才的正面评价，还应该多留意有关他的负面评价。对待初露锋芒的人才，更要加倍留意。

　　倘若企业管理者在甄别人才的时候掌握了以上四点，那么在日常工作中，就不难发掘到可用之才。

　　实际上，大部分人都是相貌平平的普通人，企业管理者不妨换个角度去思考，倘若自己在被面试的时候，面试官因为相貌而忽略自己，自己是否会认为他的眼光很狭隘呢？将心比心的道理我们都明白。所以，一定不要在甄别人才的时候以貌取人，别让自己变成眼光狭隘的管理者，那样注定会与可用之才擦肩而过。

不以个人好恶选拔人才

某家企业的女老板希望招募一名男助理，在发出招聘信息之后，有许多人前来面试。女老板在浏览面试名单时，发现了一位和自己的儿子重名的应聘者，不禁认为这位应聘者与自己很有缘分，于是在还没见到这位应聘者本人之前，她已经对其心存好感。

面试流程过后，女老板前来向面试官了解情况。面试官十分遗憾地说："咱们恐怕不能雇用这个人。"女老板表示疑惑，面试官便向女老板说明了面试时的情况。当时，面试官向这位应聘者提了一个简单的问题：为什么会离开上一家单位？这位应聘者说，自己在上一家单位跟上级领导的关系非常好，但由于身边同事都嫉妒自己，所以与他们相处得并不融洽。之后，他讲了许多同事的缺点。面试官向女老板表示，如果一个人因为处理不好和同事的关系而辞职，那么，他到了新的单位，同样无法跟新同事和睦相处。

但是，女老板固执己见，坚持要雇用这位应聘者。这家企业的实习期是三个月，这位应聘者在新单位仅仅工作了不到两个星期，就惹了一堆麻烦。女老板认为，他可能是不适合目前的岗位，于是给他换了岗位。可是这位新员工在新岗位上，依旧无法很好地遵守企业的规章制度，也做不到和同事和谐相处。最终，这个人因为惹出了太多事端，被开除了。

由此可见，管理者不能以个人好恶选拔人才。有一些管理者喜欢感情用事，遇到与自己性情相投的人，就把全方位考量这个基本要求抛之脑后。管理者通过个人好恶识人、用人，会导致很多滥竽充数的人得到重用，而一些怀才抱器之人可能会被无视。长此以往，企业必定会出乱子。

当然，这并不是说要管理者采取相同的态度对待每一位员工。俗话说："龙生九子，各有不同。"在这个世界上，每个人都有自己与众不同的地方，企业中也同样存在风格迥异的员工，如果管理者用相同的态度对待所有员工，那就很难发掘人才，更不能从这些员工中挑选出自己的左膀右臂。

在选拔人才时，还存在一个问题，那就是某些管理者会出于自保而妒忌才华横溢的人，偏向于招募能力不如自己的员工。对管理者来说，招聘这样的下级，既可以方便管理，还不用担心自己的地位受到威胁。这样做，也许短时间内对管理者来说的确省心又安全，但从长远的角度来看，这绝不是一件好事。招募一批庸才，团队如何能打硬仗，公司如何能在竞争激烈的市场中立于不败之地？

只有一小部分的管理者明白唯才是举的重要性，他们在招聘员工的过程中从不以个人的好恶作为选拔人才的标准，懂得礼贤下士，这样的管理者往往能得到下级死心塌地的追随。IBM 公司的总裁小沃森就是范例。

某天，一位下属来到小沃森的办公室，大声抱怨道："我真是前途渺茫啊！销售总经理的职位不是我的了，现在整天无所事事，有什么盼头？"

这位员工名叫汤姆，在 IBM 公司负责"未来需求部"。此前，他曾在公司的高级负责人柯克手下工作，并与之交往甚密，现在柯克去世了，而小沃森一直与柯克不合，所以汤姆认为，没了柯克，接下来小沃森一定会着手处理自己。他开始自暴自弃。

小沃森不是一个好脾气的人，但面对汤姆的有意挑衅，小沃森压制住了自己的火气；他能理解汤姆的心情。小沃森明白，汤姆有真才实学，他的精明强干比柯克有过之而无不及。虽说此人是自己的老对手的下属，性格又难以驾驭，但为了公司的前途，小沃森还是决定重用他。

小沃森对汤姆说："如果你真有能力，不仅在柯克手下，在我手下也能取得成就。如果你觉得我对你有看法，那你可以离开，但我认为你应该留下，因为这里有很多机会。"

后来，事实证明小沃森留下汤姆是非常明智的决定，因为在促使 IBM 公司发展壮大的道路上，汤姆功不可没。当小沃森极力劝说父亲老沃森及 IBM 公司其他高管尽快在计算机行业放手一搏时，大部分人持反对意见，而汤姆坚定地站在了小沃森这一边。正是由于他俩相互信任、守望相助，才使 IBM 公司避免了被淘汰的命运，并更上一层楼。

对于这段往事，后来小沃森曾说过："在柯克去世后提拔汤姆，是我做过的最明智的决定。""我经常毅然决然地提拔我讨厌的人。那种与你志趣相投的，喜欢与你一道外出钓鱼的下属，总会给你的管理带来麻烦。我总是招聘那些聪明能干、吹毛求疵、尖酸刻薄的家伙，他们能对你坦诚相见。倘若你可以把这些人安排在你身边工作，耐心倾听他们的建议，那么，你将一直取得成功。"

可见，一位管理者不以个人偏好为用人准则是多么明智的举动。人才与厂房、机器等生产资料最大的区别在于人是有思维、有意识的。管理者只有人尽其才，才会得到人才的真心拥护。

从言行举止、人品修养等多个方面着手，借助多种信息综合判断一个人，才能精确地对一个人进行定位，做出正确的评价。作为管理者，必须掌控全局，做到全方位了解员工。只有这样，才能为自己的企业招聘到合适的员工，让他们为企业发展助一臂之力。

要想做到不以个人好恶选拔人才，具体来说，就是要求管理者做到以下三点。

1. 管理者要用平常心对待人才

管理工作最忌讳带着偏见待人。偏见往往带有主观色彩，会让管理者看不清人才的真实面目和形象。

2. 要全方位地看人

全方位地看人，才能了解一个人内心的真实想法，准确推断出他的人品和能力。片面地看人，会出现很大的偏差，把部分作为整体，是犯了以偏概全的错误。甄别人才一定要重视这个问题，切忌不可像"盲人摸象"一般，犯了以偏概全的错误。

3. 要准确判断对方的心理需求

准确判断对方的心理需求，才能保证其与企业的岗位相契合，从而使人才的最大潜力得到发挥。人才与企业是双向选择的关系，企业招聘人才，人才也在挑选适合的职位。因此，管理者在甄别和聘用人才的时候，不能只考虑企业的单方面意愿，必须揣摩人才内心的真实想法和需求。

择才不必追求完美

常言道："人非圣贤，孰能无过。"才华横溢的人也会犯错。如果管理者只看到一个人的短处，而对其长处视而不见，一味地苛求、责备，则不仅招募不到人才，还会导致现有人才的流失。

不追求完美，就是不苛责细小的过错，不针对其自身的缺陷，更不在意其出身如何，只要一个人德才兼备，就应得以重用。"水至清则无鱼，人至察则无徒"，这个道理我们都不难理解。苛责会使管理者很难判断是非，从而犯下只看表面而不看内涵的错误。看到一个人外貌丑陋，便心生厌恶，即使对方才高八斗也不加以重用；一个人只是犯了一次无关大局的小错，就紧抓不放，此后他表现再出色也看不上眼。这样的管理者最终只会落得众叛亲离的下场。

人都有自己的缺点，这是事实。领导者不能"只见树木，不见森林"。过分地关注一个人的缺点，会因小失大，既不能甄别人才，又不能人尽其才。有肚量的管理者总是能忽略他人无关紧要的缺点，着重关注他人的优点。针对有缺点的人，明智的管理者的做法是"观大节，略小过"。

有时，善用有过错之人反而会让管理者取得令人瞩目的成绩。有过错之人并非没有能力，但他们可能因为某些过错而无法施展才能。此时，如果管理者不计前嫌地对他们加以重用，他们就会奋力施展自己的才华，心甘情愿地为管理者效力。

1980 年，北欧航联面临危机，董事会为了摆脱这次危机，聘用卡尔森为总经理。卡尔森上任后进行了大刀阔斧的改革，在不到两年的时间里就让北欧航联逆风翻盘。但这位营销天才有很多缺点，集团内部的许多高管都厌恶他，同事们也不喜欢他的工作作风。卡尔森极爱出风头，表现欲望旺盛，声称"世上所有行业的人都在亮相"。但集团董事会还是继续聘用他为总经理，因为他能为集团带来可观的效益，这不就是典型的"观大节，略小过"吗？

总之，管理者在选人方面既要有底线，又要有一定的灵活性，这样才能既做到"伯乐识马"，又做到"知人善任"。

合适的人才就是最好的人才

屈捷开了一家物流公司，公司有五十多辆卡车，所以他发布了一则招募卡车司机的信息。因为屈捷开出了很高的工资，所以吸引了很多司机前来面试。经过几天的面试，大多数职位都已经招满，只剩下专职跑长途的司机岗位还没有招满。

这一天，有两个人前来面试。第一个人以前是跑长途客运的司机，第二个人以前是职业赛车手，而且还在比赛中取得过不错的名次。职业赛车手信心满满地认为屈捷会选择他，但是事与愿违，屈捷选择了之前跑长途客运的司机。

于是，职业赛车手不解地问屈捷，为什么不聘用自己。屈捷答道："不求最好，只要合适。相较于跑长途客运的司机，职业赛车手在驾驶技术上肯定会更胜一筹，但是我要的不是这样的高技术人才，我期望招募到的是把安全放在首位的、耐力极佳的驾驶员。"

"闻道有先后，术业有专攻。"每个人都有自己擅长的领域和技能。员工在求职的时候，首要目标就是找到自己擅长的岗位，秉持"合适比最好更重要"的原则。公司管理者在用人方面也要遵循这个原则。完美的人才是不存在的，"用人之长，避人之短"是现代企业使用人才最重要的方向。

一个员工不可能符合所有岗位的要求，也没有一项职务适合所有员工去做。公司的团队是由不同风格的人构成的，他们有自己的特质，有不同的优缺点。所以，每个员工都有合适的职位，每个职位也都有能够胜任它的员工。例如和合谷，中式快餐企业中的领头羊，它取得如此骄人的成绩，跟企业管理层能够人尽其才是密不可分的。和合谷的用人原则在众多中式快餐企业中别具一格，他们坚持：只用最合适的人才，不用最出色的人才。

王永庆是台湾塑胶集团的创始人。企业成立之初，王永庆在选用人才上要求苛刻。可是，那时的台湾十分缺乏相关的专业人才，虽然他绞尽脑汁招募人才，却一直没有得偿所愿。后来，他费心费力地招聘了一大批外国技术人员。令人意想不到的是，这些人因为在台湾"水土不服"，不能踏实地工作，绩效还不如普通员工。

究竟怎样才能招募到适合的人才呢？通过多年在企业经营中获取的经验，王永庆终于归纳出两则用人准则：第一，人才要自己打造；第二，不需要苛求顶尖的人才，只要与企业发展相符合，也可以雇用平均水准的人才。

王永庆最初因为一味追求最顶尖的人才，而不是真正适合企业的人才，最终并没有收到理想的效果。管理者应该深知，顶尖的人才是可遇而不可求的，招募适合企业发展的人才才是重中之重。王永庆后期归纳的两条准则对现在的管理者们来说仍然很实用，可以为企业遴选中等人才，是契合企业发展规律的。

企业管理者不必眼高于顶，招募到中等人才也是可行的，只要稍加培养，他们就可以迅速地在自己的岗位上发光发热。此外，培养中等人才也比较省心。有些恃才傲物的人，在工作中一旦遇到不如意的事情，就会心生不满，不能认真地履行自己的职责。带着这种职业态度的员工，他们不会有强烈的责任心和高涨的工作热情。这样一来，尽管他们才华横溢，却不能完全施展自己的才能，表现还不及一般的员工。

中等人才由于没有太多可以炫耀的本钱，所以他们谦虚谨慎，敏而好学，他们对企业安排的工作任务非常重视，能够尽心尽力履行职责，能够脚踏实地工作，这样的人，反而可以取得更高的绩效。

买衣服要试穿一下是否合身，而不能只看其五颜六色的外表，企业用人也是相同的道理。如果管理者时常搞不清楚企业到底需要什么类型的人才，将会使企业的发展遭受重大打击。弄明白自己到底需要什么类型的人才后，还要深知，人才是要用的，不是拿来装饰门面的。

企业管理者要给人才安排最适合的岗位。这个岗位最好是被任命的员工既能胜任，又拥有一定的提升空间。另外还要着重培养有潜力的人，使他们能够"一直有差距，一直有追求"。

当年，伯乐为找到千里马，足迹遍布各个诸侯国，最后才发现一匹骨瘦如柴的千里马。人才对企业来讲是"命里有时终须有，命里无时莫强求"，企业管理者在用人的时候要深知"只求适合，不求顶尖"，权衡当前与以后的效益，不能舍本逐末。

第三章

察言观色，灵活用人

- ◆ 细心观察，声音也暗藏玄机
- ◆ 下属的性格隐藏在说话的习惯里
- ◆ 一举一动，皆能示人
- ◆ 小小细节，不能忽视
- ◆ 言表心声，下属说话的内容不可忽视

细心观察，声音也暗藏玄机

你也许不知道，对有经验的管理者来说，从下属的声音里也能听出许多门道。每个人说话的声音都是不同的，蕴含着浓厚的感情色彩，我们通过听一个人说话的声音，就可以感受到一个人内心复杂的情感。也就是说，声音是可以反映人的心理的。

那么员工不同的音色、语气和声调等能反映出他们怎样的性格和心理呢？下面我们来具体讲一下。

1. 声音凝重深沉型

有的员工说话声音凝重深沉，这类人往往具有较高的学识，思想比较成熟，有一定的阅历，责任感强。在企业中，这种类型的员工是值得依赖和倚重的。但是人无完人，这种类型的员工往往具有自命清高、性情耿直、固执己见的缺点，因此他们虽然才华横溢，但也有可能因为得不到其他员工的支持，使得工作难以顺利开展。

因此，管理者面对这样的员工，既要多给他们一些展现自身的机会，让其充分发挥自身的才能，又要一针见血地指出他们的问题，帮助他们完善自己。

2. 声音轻细型

有的员工说话声音轻柔舒缓，让人听起来感觉既轻松又亲切，他们往往具有相当的文化修养，讲话时注意措辞，内容文雅而又得体。他们在人际交往的过程中通常比较小心谨慎，对待领导或者同事都礼貌而尊重。

如果这种员工是男性，那么，他们多数是待人忠厚，宽宏大量，能够虚心接受他人的意见，又不会随波逐流。这样的员工通常比较优秀，他们提出的意见大多比较中肯，管理者应认真考虑。如果他们在工作上出现失误，管理者也应视情况给他们改过的机会。

如果这种员工是女性，那么一般是比较温柔善良、善解人意的人，但缺点是有时候内心过于敏感脆弱。面对这样的员工，管理者应该采取柔和一些的方式对待她们，给予一定的宽容与忍耐，同时多多鼓励她们。

3. 声音带有压迫感型

如果一名员工的声音给人一种压迫感，那么他有可能是比较自负的人。这种人自我意识强烈，别人的意见或建议很难听进去。他们做事往往比较急躁，缺乏同理心，不懂得体谅他人，因此，容易和别人发生冲突。如果你的团队中有这种类型的成员，就要多留意他们的举动，尽量想办法帮助他们成长，纠正其不当行为。如果屡教不改，这样的员工会对公司发展不利，就没有留用的必要。

4. 音调较高型

如果一个员工说话时音调较高，嗓门较大，那么他的性格通常比较豪爽、直率，对人很热情，不小肚鸡肠，说话直来直去，不拐弯抹角。他们往往精力充沛，活力十足，充满自信。这种员工的缺点是脾气比较暴躁，遇事容易冲动。

这种类型的员工，从不会默默地承受委屈，当遇到不平之事，他们会据理力争。他们在团队中总是冲锋在前，对周围的员工可以起到号召的作用，但有时容易被有心人利用。管理者摸清了这类人的优缺点，才能知人善任。

5. 声音又低又粗型

有的员工说话声音比较低沉，声线也比较粗，这类人往往比较成熟沉稳、敦本务实，在与人交往时比较小心谨慎。另外，这类员工还有较强的适应能力和应变能力，当他们进入一个新环境或者接手一个新项目的时候，能迅速调整自己，进入良好的工作状态。所以，如果你的下属是这种类型的人，你应该重用他。

6. 声音没有起伏型

如果员工是那种说话不带感情色彩、音调没有高低起伏的类型，那么他通常是一个性格内向的人。这种员工往往惜字如金，对人缺乏热情，但他们不是天性冷淡，更多的时候是不善于表达。他们的优点是，遇到问题能镇定自若地认真分析各种不同的情况，找出合理的解决办法。

这样的下属，工作能力是不错的，只是太不善于表达，管理者应该多和他们进行沟通，让他们把心里的事倾诉出来，以心换心，这样一定可以获得他们的信赖。

7. 习惯清嗓子型

清嗓子的行为，你可能在太多的人身上见到过。如果细心观察，你会发现这个简单的动作也暗藏玄机。管理者只有真正弄清了对方的意图和心理，才好"对症下药"，针对不同情况采取合适的应对策略。有的人只是在说话之前清嗓子，有的人是习惯在说话的过程中清嗓子，还有的人是有意清嗓子。那么，面对不同类型的清嗓子行为，我们可以得出什么结论呢？

如果你的下属在说话之前总要清嗓子，特别是在一些重要的场合，例如演讲之前，这通常是紧张和不安的表现。在说话过程中有清嗓子的行为，也有可能是因为内心紧张和不安，还有可能是为了改变其说话的声调和语气。如果有的员工在说话过程中，总是有意清嗓子，那么他有可能是在提醒对方某些话不该说，或是向对方表达自己的不满，甚至是在向对方示威。

8. 常唉声叹气型

有的员工总是习惯性地唉声叹气，说明这个人常常情绪不佳。他们通常心理承受能力较差，遇到一点儿挫折就垂头丧气，没有挑战困难的勇气，没有胜利的决心。

这类员工遇到问题从不认为是自己的原因，总是找各种各样的理由来为自己开脱。他们性情悲观，常常怨天尤人，喜欢用别人的不幸来进行自我安慰。面对这样的员工，管理者应该多锻炼一下他们的心理承受能力。

下属的性格隐藏在说话的习惯里

一个人的用语习惯也能在一定程度上反映出他的性格和心理。人在成长的过程中，会形成自己独特的用语习惯，有时为了更好地表达词意，人们也会十分注意自己的用语。

因此，管理者在与下属进行沟通时，应该多留心他们的用语习惯，此举可以帮助管理者更好地洞悉下属的心理，判断下属的性格。

那么，具体来说，不同的用语习惯可以反映出一个人怎样的性格和心理呢？

1. 常使用恭敬用语型

在与人沟通时常用恭敬用语的员工，多数为人处世比较世故、老练。他们往往擅长察言观色，通过别人的言谈表情、行为举止，判断对方的喜好和心理，然后再根据这些信息，灵活地说出对方渴望听到的话。

这类人性格机敏，能随机应变，能更好地适应环境。在社交场合，这类人往往表现得游刃有余，不管与什么人打交道，都能让对方感觉轻松、愉悦；在为人处世方面，通常比较成功。

2. 常使用礼貌用语型

在与人沟通时常用礼貌用语的员工，往往是受教育程度较高的人。他们往往懂得尊重他人，善解人意。另外，这类人遇事一般通情达理，不会斤斤计较，即便在工作中与同事产生分歧，也往往是对事不对人，事后不会因怀恨在心而有意针对他人。

3. 妙语连珠型

说话妙语连珠的员工，往往思维活跃、头脑敏捷、幽默诙谐，这样的人无论在什么部门，都会成为大家眼中的"开心果"。

这类员工的智商和情商都较高，反应敏捷。当遇到棘手的问题时，他们往往能迅速找到问题的症结，并给出解决问题的对策。

4. 开门见山型

说话从来不拐弯抹角，总是直指问题核心的员工，通常性格豪爽、耿直、大方。他们讲义气，答应了别人的事，就会说到做到；遇到难题时，处理起来绝对不拖泥带水；在工作中，敢于突破创新，敢于放开手脚地去干。

5. 好为人师型

有一类员工特别好为人师，他们自我感觉良好，总是觉得别人不如自己懂得多，他们常常以"你连这都不知道啊"作为开场白，随时准备给别人上一课。

这种类型的员工往往自我意识比较强，恃才傲物，目空一切。他们总是特别渴望能够得到他人的关注，表现欲望强烈，特别喜欢炫耀。

6. 擅长开导型

这类员工思维敏捷，语言表达能力很强，情感非常丰富，善解人意，能设身处地地为他人着想，往往人缘很好。

7. 满口道理型

那些擅长讲道理、说话喜欢旁征博引的员工，往往对各类知识都有所涉猎。也正是因为学习得太杂，所以对许多东西的了解都很浅显，往往是只知其一，不知其二，因此思考问题的深度很有限，导致其虽然表达的观点不少，但有用的很少。

8. 诬蔑他人型

喜欢用言语诬蔑他人的员工，往往富有心计，且心胸狭窄，虽然工作负责，但是对他人缺乏信任感，喜欢吹毛求疵。在他们看来，自己的能力是最强的，任何工作只有自己才能做好。所以，他们不能接受别人比他们更优秀，当其他员工升职加薪时, 他们的内心就会极度不平衡, 进而说出诬蔑他人的话。

9. 添油加醋型

这类员工一般是偏于懦弱型的人, 不具备独立处理事情的魄力, 一旦在工作中遇到问题, 往往没有主心骨, 多数会选择随波逐流。

另外, 这类员工对新鲜事物的接受能力比较强, 尤其是对一些新鲜词汇的运用, 可以说是得心应手。

10. 高谈阔论型

这类员工无论是在工作中还是生活中, 眼睛都习惯往高处看, 喜欢做长远的打算, 不会在乎细枝末节, 考虑问题比较全面, 而他们的缺点就是缺少耐心。

一举一动，皆能示人

人们的心理从人们行走坐卧等各个方面透露出来。

首先我们来讲一下，坐姿和站姿这两种人的静态行为。俗话说："坐有坐相，站有站相。"一个人的心理特点和性格特征可以通过坐姿和站相显露出来。坐姿的优雅与否可以显示出一个人修养水平的高低，站立的姿势挺拔与否可以体现出一个人有没有干劲儿和活力。因此，管理者在与下属接触时，可以留心一下他们的坐姿和站相，这也是一个不错的察人方法。

下面我们来具体说一下不同类型的坐姿，能反映出员工怎样的心理。

1. 坐姿端正型

有的员工每次坐下的时候都近乎正襟危坐，目不斜视。这类员工做事十分严谨，脚踏实地。他们擅长制订计划，做事稳妥，不喜欢冒险。他们的缺点是，处理问题有些刻板，缺乏变通，创新能力较为欠缺。

2. 侧身而坐型

采用这种坐姿的员工往往是不拘小节的人，他们不太在意别人的看法，只图自己舒服。他们在工作中也较为随意，很容易在不知不觉间表露自己的真实情感。

3. 脚踝交叉型

在坐下后，脚踝交叉的员工，女性居多。她们通常会把双手搭在膝盖上，或者两只手交叠着放在一起。当然有的男性也会采用这样的坐姿，他们通常会用双手抓住椅子的扶手。

这是一种充满警惕或者防范的坐姿。采用这种坐姿的员工，一般都在尽力克制自己，比如克制自己的感情，克制紧张的情绪等。

4. 敞开手脚型

喜欢采用这种坐姿的员工，往往性格外向，有主见，充满自信，通常具有一定的领导才能。但由于他们自我感觉过于良好，有时会让别人觉得有些狂妄自大。

喜欢采用这种坐姿的通常是男性；如果是女性的话，则表示她们还不成熟。

除了坐姿，不同的员工也有不同的站立习惯，从站姿中，我们也可以发现一个人的性格特征和心理特点。

1. 双手插入裤袋型

在站立的时候，喜欢将双手插入裤袋的员工，通常性格内向，思想保守，性格深沉，他们很少表露自己的真情实感。他们在工作中十分谨慎，每一步都有计划，对周围人的信任感很低。

2. 双手叠放胸前型

在站立的时候，喜欢将双手叠放在胸前的员工，性格往往坚忍而倔强，当遇到困难的时候，他们也不会轻易退缩，具有百折不挠的精神。但是，他们将个人利益看得太重，总是担心别人会影响自己的利益，故而常摆出一副拒人于千里之外的样子。

3. 不断改变站立姿态型

在站立的时候，喜欢不断地改变站立姿态的员工，很明显是那种安静不下来的人，他们通常是那种急性子，甚至有些暴躁，身心常处于紧张的状态，做事容易冲动。

他们的优点是思维转变很快，勇于接受一些挑战。而且，他们的执行力很强，是真正的行动派，如果让他们在工作时一直静坐，他们可能会难以坚持下去。

4. 双手叉腰型

有一种员工，在站立时经常习惯性地双手叉腰。这类员工非常自信，在各个方面都底气十足。

了解了坐和站这两种静态姿势，下面让我们再来看看一个人走路时的动态姿势。每个人由于成长环境、性格特征不同，走路的姿势也各不相同。作为一个优秀的管理者，下属不同的走路姿势你也不应该忽视，只要仔细分析，就能从中提炼出不少有用的信息。

1. 昂首挺胸型

有的员工走路时，永远昂首挺胸，大步向前，这类员工喜欢以自我为中心，不关心他人的想法，与他人关系疏远；不愿意主动开口向别人求助，哪怕遇到非常棘手的问题，不到万不得已，也不会求助于他人。这类员工的优点是思维敏捷，考虑问题比较全面，做事有条不紊。这种类型的员工最大的弱点是羞怯和缺乏毅力。

2. 身体前倾型

有的员工走路，总是习惯于身体略微前倾，这类员工一般性情都比较随和，能设身处地地为他人着想，懂得与人为善。他们一般比较谦虚，个人素质较高。

3. 步伐急促型

有的员工走起路来，就像一阵风，脚步非常急促，他们一般属于典型的行动主义者。这类员工大多精明强干，看起来总是精力充沛，面对工作中的各种挑战会选择迎难而上。而且，这类员工适应环境的能力也很强，在任何新环境中都能迅速适应。

4. 四平八稳型

有的员工走起路来，步伐缓慢平稳，这类员工性子比较慢，做事总是慢吞吞的，即便遇到火烧眉毛的事，他们也不急不躁。他们性格稳重，完成任务时让人很放心，而且他们在处理问题时，总是深思熟虑，从不好高骛远。

小小细节，不能忽视

我国伟大的文学家、思想家、革命家鲁迅先生曾言："巨大的建筑，总是由一木一石叠起来的，我们何妨做做这一木一石呢？我时常做些零碎事，就是为此。"由此可见，若想成就一番大事业，先要把眼前每一件平凡的事做好。成功者的共同特点就是能认真对待眼前的每一件小事，能够抓住工作中每个小细节，然后不断积累，创造不凡。

法国银行业大亨恰科年轻时在找工作的过程中四处碰壁，一次又一次地品尝被拒绝的滋味。某天，恰科又一次踏上了他的求职之路。他到一家银行求职，这次接待他的是银行的董事长。一番交谈过后，董事长觉得以恰科的能力还无法胜任银行的职位，便拒绝了他。无奈之下，恰科只能离开。当垂头丧气的恰科从银行大门出来时，突然发现脚边有一枚大头针。他想银行有这么多人进进出出，万一谁被这枚大头针扎伤就不好了，于是他顺手把这枚大头针拾了起来，然后丢进了旁边的垃圾桶里。就是这样一个不起眼的小动作改变了他的命运。

他的这一举动恰好被银行董事长看见了，这位董事长心想：这是一个心思细腻、有责任感的小伙子，而银行需要的不就是这样的职员吗？于是董事长决定给恰科一次机会，让他到银行来试一试。凭着这枚小小的大头针，恰科走进了银行的大门。

事实证明，董事长的决定没有错。恰科凭着一枚大头针也不肯放过的缜密的工作态度，将手头的工作做得非常出色。不仅如此，他还勤奋刻苦，凭着自己的努力，渐渐在法国银行界声名鹊起，最后成了鼎鼎大名的"银行大王"。

一位哲人曾经说过这样一句话："在大的事情中，人们表现出的是他们所希望表现的；在琐碎的小事上，他们才表现出他们自己。"因此，在日常工作中，千万不能忽略每一件小事，素质的高低就藏在这些小事里。

王光华在一家公司的采购部门工作。一次，王光华发现公司最近采购的一批荧光笔质量非常好，他就带回家了两支，给自己的儿子用。过了半个月，儿子说荧光笔真的非常好用，还想要几支别的颜色的，王光华心想反正荧光笔也不值什么钱，应该没什么事，就又拿了几支，准备下班带回家去。可是，这一次他的行为恰好被采购经理撞见了。采购经理问他拿那些荧光笔做什么，王光华根本没把这当一回事，就如实告诉了采购经理。

没想到一向对下属很温和的采购经理这一次却发了脾气，他非常严厉地对王光华说："你知道你的行为叫什么吗？你这是偷盗！"王光华觉得采购经理太小题大做了，他不以为意地说："不就是几支笔吗？大不了我赔钱就是了。"采购经理看到王光华的这种态度，更加生气了，他说："荧光笔的确不值什么钱，但是东西再小，也是公物，你作为一名采购员，怎么连最基本的职业道德都没有？如果你意识不到自己行为的错误，今天可以拿支笔，明天就可以拿别的，以后你就可能会犯更大的错误。好了，既然如此，你也不需要解释什么了，明天下班之前，请把你的辞呈交给我吧。虽然你的工作能力还不错，但是一个没有职业操守的员工我是不敢用的。"采购经理说完这番话就离开了，王光华彻底傻眼了。

在职场中，一个微不足道的细节，可以反映出一个员工的素质水准、职业操守，一个人的人品、能力等就隐藏在日常工作中的细小的行为中，因此管理者在识别人才时千万不能忽略细节。

作为一名管理者，不能只凭借一些大事件、项目结果或者员工所说的话来了解对方，员工在日常工作中的一些细节也是重要的参考价值，认真观察这些细节，才能真正了解员工。

言表心声，下属说话的内容不可忽视

管理者之所以与下属谈话，无非就是想从对方口中获得一些有用的信息，以此洞悉员工的心理。员工在谈话的过程中，总会或多或少地透露出自己内心的想法，只要管理者多多留意，就可以对员工的心理了解得更深。

实际上，一个人的性格和真实想法就隐藏在他谈话的内容里。一个人喜欢谈论什么内容，喜欢以什么话题来切入谈话，都和他的性格特征、学识水平、兴趣爱好等密切相关。在与下属沟通时，管理者只要留心观察对方，并细细揣摩对方说的话，就一定能够获取有用的信息，从而比较准确地了解下属的性格和想法。

那么不同的谈话内容能反映出一个人怎样的性格和心理呢？下面我们具体讲一下。

1．好谈生活琐事与好谈国家大事的员工

有的员工喜欢谈论一些生活琐事，这种人往往比较热爱家庭，追求安逸，注重享受生活。

反之，如果一个员工经常将国家大事、行业形势挂在嘴边，则说明他视野开阔，眼光长远，这种人不会局限在某一个小圈子里，总想力争上游，当然他们也的确能够担当大任。

2. 经常谈论自己和不愿谈论自己的员工

如果一个员工在聊天时，总是喜欢将话题引到自己身上，进而谈论自己的某些经历、处事风格或是对某件事情的看法等，那么，基本可以判定他是一个以自我为中心的人。这类员工通常性格开朗，热衷于表现自己，主观意识比较强，感情色彩浓烈，争强好胜，较为虚荣。

同样的道理，如果一个员工在和人聊天时，从来不谈论自己的事，更不会轻易发表自己对某事的见解，那么，这个人往往偏于内向，不喜欢表现自己，主观意识淡薄，喜欢什么厌恶什么都表现得不明显，不喜欢冒进，不会轻易尝试新鲜事物，往往还有些自卑，但心思一般比较深沉。

3. 总是平铺直叙与喜欢掺杂个人感情色彩的员工

如果一个员工在谈论某事的时候，只是单纯地进行讲述，不加入个人的感情色彩，说明他是一个冷静理智，能客观看待问题的人，这类人很少会做出冲动、失控的事情，情感比较深沉。

反之，如果一个员工在谈论某事的时候，总是加入个人的感情色彩，而且特别注重细枝末节，则说明此人感情丰富而细腻，容易被外界影响。另外，这种员工更注重细节，对整体的关注度不够，因此不适合做需要进行宏观决策的工作。这种员工往往不喜欢支配他人，所以会比较顺从他人的领导。

4. 喜欢推理与喜欢概括的员工

如果一个员工在谈话时经常进行因果和逻辑关系的推理，说明此人逻辑思维能力较强，并且看问题比较客观，注重实际。这种人的主观意识也比较强，习惯将自己的观点加于他人身上。

如果一个员工在讲话时，内容非常简练，但中心明确，准确到位，说明此人擅长从宏观的角度看问题，注重结果，对细节过程不是很关注，独立性比较强。这类人往往具有领导才能。

5. 喜欢畅想未来的员工

如果一个员工在谈话中喜欢畅想未来，基本可以判断他是一个爱幻想的人。爱幻想的员工分两种，一种能将想法变成现实，他们往往有了想法就会付诸行动，比较注重制订计划，一般能够取得一番成就；另一种则往往只是将想法停留在口头上，属于空想家，自然什么也做不好。

6. 总是偏离中心的员工

如果一位员工在谈话时，总是偏离中心，或者不断地转变话题，那表明这个人思想不集中，比较急躁，在工作中也难以体谅别人。

第四章

选人入骨，知人善任

- ◆ 量体裁衣，为人才选择合适的岗位
- ◆ 用人所长，让下属发挥全部潜力
- ◆ "刺儿头"也可以贡献自己的力量
- ◆ 巧妙清除团队里的"马屁精"

量体裁衣，为人才选择合适的岗位

索尼公司之所以能创造出神话般的光辉历史，与其领导者可以为人才寻求合适的发展平台有必然联系。音乐专业毕业的大贺典雄，被委任为索尼公司总裁，便是最好的证明。大贺典雄充分展现了他在音乐和经营管理方面的专长，只用了很短的时间，便将索尼公司发展成为日本排名第一的录音公司。

什么才是当今世界最珍贵的东西？答案是人才！这个观点生动地表达了当下人才是企业繁盛的重要条件。企业在用人时，必须量体裁衣，为员工提供合适的岗位，他们才能大展拳脚。

如今企业间的竞争，事实上是企业人才之间的竞争。企业拥有人才，便得到了出奇制胜的法宝。身为企业的领导者，假如不懂得知人善任，便会白白丧失人才优势。知人善任，听起来很简单，但是操作起来非常困难，尤其是想要做到"善任"。

擅长用人的领导者，不仅仅需要慧眼识人的能力，以及任用人才前后可能会遭遇的种种问题，还需要具备必要的胆识和气魄，否则想要做到知人善任是很困难的。

如果一个企业的领导者总是感慨自己手中缺少人才，那他就该反思一下自己是否做到了知人善任，是不是在不经意间浪费了宝贵的人才资源。

哈罗德·斯伯利特在福特公司担任工程师的时候，曾是生产某种微型货车的坚定拥护者，他凭借敏锐的直觉，察觉到这种微型货车会在将来的汽车市场大放异彩。但是，亨利·福特二世身为福特公司的领导者，仍然在为先前埃德塞尔未能成功研发出微型货车的事情耿耿于怀，亨利·福特二世认为自己的实力不如自己的前辈埃德塞尔，他觉得埃德塞尔无法完成的事，自己更不可能完成。

所以，当斯伯利特满怀信心地表达自己想要开发微型货车的想法时，亨利·福特二世果断地否决了。斯伯利特也因为这件事对福特公司失望至极，他觉得这样的公司是无法满足他现在的发展需求的，因而产生了寻求更高发展空间的念头。

当斯伯利特想要从福特公司离职的消息传出去后，福特公司的竞争对手，沃尔沃、通用汽车等公司便一个接一个地向斯伯利特发出了邀请函。最终，福特公司最大的竞争对手——通用汽车公司获得了斯伯利特的青睐。在通用汽车公司，斯伯利特开发微型货车的想法得到了这家公司的首席执行官艾科卡的大力支持。斯伯利特花费了整整 5 年时间研制新式微型货车。在这期间，斯伯利特遇到了许许多多的困难，可是艾科卡自始至终都坚信斯伯利特能够成功，并且全力满足他的各种需求。

5 年过去了，斯伯利特研制的新式微型货车终于走向了市场，并且迅速得到了用户的认可，成为通用汽车公司的支柱产业，而斯伯利特最终在通用汽车公司实现了他没能在福特公司实现的雄心壮志。就是从那时起，斯伯利特登上了他职业生涯的顶峰。

从上述斯伯利特的例子中我们不难看出，斯伯利特是由于福特公司没办法满足他的发展需求才选择离开福特公司的。是啊，谁愿意留在一个不适合自己发展的岗位上呢？而通用汽车公司的首席执行官艾科卡独具慧眼，为斯伯利特量体裁衣，利用适合的岗位和大力支持赢得了斯伯利特的认可。事实表明，斯伯利特没有辜负艾科卡的期待，他在通用汽车公司取得了一个无可匹敌的成绩。

中国自古有句名言，"良禽择木而栖，贤臣择主而事"，福特公司之所以造成人才流失，是因为该公司领导者无法做到知人善任。亨利·福特二世在任用人才方面难以与艾科卡媲美。

英国有一位叫德尼摩的管理学家曾说："每个人都有属于自己的位置，一个人只有被安置在与其能力匹配的位置上，他的才华才会被激发出来。"

那么，领导者怎样才能做到量体裁衣呢？

1. 从人才的个性特点着手

不同的人有不同的个性和爱好，对一家企业的领导者而言，想要做到量体裁衣，应当根据人才的专长和爱好进行合理分配。例如，让一个有较高成就欲望的员工独自去完成一件具有挑战意义的事情，并且在他取得成功后迅速给予认可和表扬，从而提高他的工作热情。与此同时，领导者一定要增强员工对企业的认同感，增加员工之间的凝聚力，只有做到这些，才可以调动员工工作的积极性。

2. 从人才的特长着手

"闻道有先后，术业有专攻"，这是一个永恒的真理，是从我们的祖辈那里传承下来的精髓。打个比方，如果我们让一个瓦匠干一个木匠的活，让一个木匠干一个瓦匠的活，最终不仅他们的工作效率会大大降低，而且会把原本很简单工作干得很糟糕。谁都有自己的专长，因而一个企业领导应当做的是，给每个人才提供合适的发展岗位。量才适用，要根据不同人才的不同资质来分配与之相匹配的职位，把人才安置在合适的岗位上，不仅如此，企业领导者在开始这些工作之前，一定要留心观察人和人之间的素质、个性、爱好和专业之间的差异，挖掘出每个人的特长。

很多企业领导者认为，知人善任是一件很难做好的事情，它需要领导者耗费很多时间、心血，去考察、分辨一个人才究竟有什么能力，脾气秉性如何。所以，当企业领导想要为一个关键职位寻找合适的人选时，要花费很多心思，做事也会变得小心谨慎起来。即便如此，这样做也是值得的。因为，领导者如果用人不当会给企业带来难以估量的损失。

总而言之，只有把一个有才干的人安置到适合的岗位上，才可以使他的特长和才能展现出来。否则，不仅会导致企业业绩下滑，还会招致员工不满，最终使得企业的人才优势白白浪费掉。因此，企业领导者一定要时时刻刻记住，对待人才必须量体裁衣。

用人所长，让下属发挥全部潜力

有家企业的人力资源总监曾对人说过他亲身经历的一件事：

我刚被提升为人力资源总监时，曾遇到过一件让我非常头疼的事情：有一个员工，人非常老实，甚至是有点儿懦弱。俗话说："人善被人欺，马善被人骑。"他自然也免不了受他人欺负。为此他整天沉默寡言，工作中遇到什么问题也不肯求助别人，工作任务自然完成得不太好。

但是，他工作态度很好，做什么事情都恪尽职守，遵守公司的各项规定，从不迟到早退。虽然我有过很多次想辞退他的念头，但当我见到他对待工作的认真态度，又狠不下心来。每次给他安排工作我都非常头痛。让他随便干点儿无关紧要的小事，工资照发，那么一定会引起其他员工的不满；如果给他分配重要任务，他又没办法做好，甚至有可能会阻碍整个项目的进展。于是，我整日为此事发愁。

碰巧此时公司需要安排人去看管仓库，由于管理仓库的工作太无聊了，因此几乎没有人愿意干。先前管理仓库的人大多因为忍受不了工作的枯燥而经常跑出来和人闲聊，以致影响了工作。因此，我决定安排这个十分老实的员工去看管仓库。谁曾想，竟然歪打正着地把他安排到了一个十分适合他的岗位上。看管仓库，他每天除了需要面对各种各样的材料，不必说任何话，这正好符合了他的性格。他拿出自己的全部热情和耐心来对待这份工作，那成果自然也是很可观的。

后来，我常暗自庆幸先前可以容忍他的那些缺点，否则，我真的不清楚何时才可以挖掘到一个这么适合管理仓库的人。

有句老生常谈的话："天生我才必有用。"就算一个人看起来再无能，也绝不会没有一点儿价值；就算一个人再能干，也不可能没有短板。所以，一个企业的领导者在任用员工时，不仅要留意他的优点，还要注意他的缺点，全面激发他潜在的才能，务必将"取其所长，避其所短"作为用人的标准。

从上面的例子我们可以看出，这位人力资源总监拥有非常出众的包容能力。他在对待员工的缺点时，选择了容忍，并且最终用包容的态度给企业发现了一个爱岗敬业、恪尽职守的人才。

曾经，有家企业给员工做了人格测试。该企业的领导者依照测试结果为员工安排工作，最终，不仅充分发挥了每个员工的长处，还将员工的缺点转化成了创造成绩的"长处"。例如，这家企业把那些爱挑毛病的员工派去负责质检工作，把好胜心强的员工派去负责公司的生产工作，把喜好展现自己的员工派去负责公关工作，就这样，这家企业在最大程度上做到了人尽其才。

有句老话说得好："骏马行千里，犁田不如牛。"这句老话表达的含义是，纵使千里马有日行千里的本领，可是要将它放到田地里犁地播种，那千里马干活的效率还比不上农户饲养的老黄牛。所以，身为一家企业的领导者，任用人才的时候，必须最大程度地发挥人才的长处，尽可能避开其短板。

拿麦当劳来说，作为世界上最知名的快餐企业之一，它之所以能够不断发展，最主要的原因就是麦当劳的领导者任用人才时能够做到量体裁衣、人尽其才。在麦当劳，每一位员工都有自己专属的档案，档案中十分完备地记录了每个员工的长处、短板。

麦当劳的领导者非常了解自家员工的特点，清楚应该给员工安排何种职位，清楚员工在哪个岗位上才可以展现自己的特长，从而提高员工的工作效率。例如，有些员工擅长骑摩托车，麦当劳的管理者便安排这个员工去为顾客送餐，不仅提高了送餐效率，并且发挥了员工所长，同时也照顾到了员工的心理需求。

麦当劳在选拔中层领导的时候，其公司领导会参照员工的个人背景以及自身所长为他们分配适当的岗位。通过一段时间的考量，麦当劳的中层领导都在自己擅长的领域做出了应有的成绩。

麦当劳公司能有这么独特的用人方式，是因为其公司领导者意识到，公司在聘用员工时，招聘到的人员不可能都是全才，就算招到精英也只占少数。如果采取"取其所长，避其所短"的用人方式，便可以将这些不太完美的员工安排到合适的岗位。因此，只要你拥有专长，总能找到与自己能力相适应的工作的。

纵观当今全世界的企业，唯有那些做到了"取人所长，避人所短"的优秀企业，才能在市场拥有一席之地，并做出非凡的成绩。一个擅长用人的领导者，首先要对每个员工的长处和短处有一个清晰的认知，然后再按照每个员工的优缺点合理地分配工作。

有人说，管理是一门艺术，换句话说，一家企业的领导者就是一名艺术家。假如员工是一朵朵鲜花，那么领导者就是花艺师，了解每朵花不同的特色和美感，并将它们进行合理搭配，呈现出最赏心悦目的效果。

"刺儿头"也可以贡献自己的力量

利娅是人们眼中标准的女强人，她好胜心强，在工作中从不甘于人后，又因为作风强硬，毒舌、傲骄，始终无法和公司同事和睦相处。公司总经理早就发现了这个情况，可是一直无法解决。碰巧此时，公司遇到了一个十分棘手的项目，所有接手了这个项目的员工，都没把工作做好。因而，这位总经理心里冒出了一个想法。

总经理将利娅叫到了自己的办公室，把这个大家都完不成的项目委派给了她，并且要求她必须在规定的时间内完成。利娅了解了这个项目的情况之后，毫不犹豫地接下来了。几天之后，利娅就出色地完成了这个项目，甚至提前联系好了合作伙伴。

从此以后，公司的员工再也不排斥利娅了，他们是从内心深处认可了利娅的能力。同事们向利娅咨询工作上的难题时，发现利娅讲话虽然很直接、尖锐，但句句切中要害。有些同事可能会感觉面子上挂不住，但当他们仔细回顾利娅说过的话之后，又不得不认可利娅的分析和建议。

这家公司的总经理是个用人高手，他很好地发挥了利娅这种"刺儿头"的作用，在利娅的带动下，员工们的好胜心被激发出来，最终给企业带来了良好的效益。

仙人掌不会因为身上长满了刺，就失去了药用价值，玫瑰花也不会因为带刺，而让它的美丽减少分毫。因此，企业的领导者面对企业中的那种浑身带刺的员工，也不是只有弃之不用这一条路。只要企业的领导者可以恰到好处地任用"刺儿头"，它们也能为企业带来意想不到的好处，就好比上述所讲的案例。

人才通常是个性与才华的结合体，那些极富才干的人往往也是"刺儿头"。他们富有很强的创新意识，野心勃勃，精力旺盛，思维敏捷，但同时又个性十足，不容易与公司其他员工和睦共处，甚至有些"刺儿头"连领导者也敢顶撞。其实，领导者只需要认真分析一下便能知道，这些浑身带刺的员工都有一个共同特征：他们往往有着极强的好胜心和占有欲，永远不满足，常常思考着如何更加出类拔萃，如何取得更高的成就。了解了这些，领导者便可更好地支配他们。

常言道："生于忧患，死于安乐。"企业当中有些"刺儿头"是好事，可以很好地鞭策企业员工成长。你是否听说过

"马蝇效应"？即便是再懒惰的马，只要有马蝇在叮咬它，它也会精神抖擞，飞快奔跑，这就是著名的"马蝇效应"。一个企业的领导者如果擅长运用"马蝇效应"，不仅能够在一定程度上缓解公司内部的矛盾，还能够使那些有才干的"刺儿头"更勤奋努力地为企业效命，助力企业的繁荣昌盛。所以，作为一个称职的领导者，在面对那些"刺儿头"型人才时，不能用一般的管理方式给他们安排工作。

那么，如何发挥"刺头儿"的正向力量呢？

1. 建立威信，塑造榜样

虽然那些有才干的"刺儿头"在其擅长的领域有着很强的实力，但是企业的领导者也绝对不可以放任他们违反公司的规章制度，破坏公司的正常秩序。所以，从这些"刺头儿"进入公司开始，领导者便要使他们懂得，即便他们身上有着别人不具备的长处，也决不允许他们无视公司的规章制度。如果想要成为一个能很好地支配"刺儿头"的领导者，就要提升自己沟通的技巧，并学会分析他人的想法、分析他人的心思。除此之外，企业领导者还需要明白，在实际行动面前，言辞从来都是苍白无力的。因此，身为一个称职的领导者，应该给那些目空一切的员工树立一个榜样，让他们看到，在企业之中，一个真正有威信、有实力的人是如何管理员工、解决问题的。

2. 下达命令简洁、有力

不必把"刺儿头"当成焦点，过多干涉他们的工作。第一，因为有才华的人处理问题时总会有自己独特的思路，过多干涉只会引得他们反感，不利于领导者在他们面前树立威信。第二，对他们关注太多，会让他们变得更加不可一世。因此，企业领导者应当使用自己的聪明才智和号召力。在工作的过程中，可以适当地"忽视"一下"刺儿头"们，要使他们懂得，与集体的力量相比，个人的力量是有限的，有的时候甚至不值一提。企业领导者必须使"刺儿头"们明白，地球离开任何人，都不会停止转动；一个企业也不会因为缺少了某个人，就停止正常运作。

3. 做好安抚工作

人的情绪就好比影子，总是伴随着我们。因此，当企业领导者碰到冲动、暴躁、傲慢的"刺儿头"时，安抚他们是必不可少的。将安抚工作做好，可以让"刺儿头"们努力工作、积极付出，从而助益企业发展。

有时免不了会出现这样的情况：个别没有和企业磨合好的"刺儿头"想要离职。身为一个称职的领导者，绝对不可以图个人痛快而让企业的人才白白流失，适当地安抚是必不可少的。不过，一味地纵容员工也是不可取的，领导者需要为自己划定一个不能逾越的界限，如果确实无法挽留，便只有任他们离开了。

　　世界上的事物都有两面性，"刺儿头"同样是一个有利有弊的存在，如果利用得当，"刺儿头"有利的一面就能发挥出来，给企业的发展提供助力，但是如果利用不当，"刺儿头"便会成为一个威胁企业利益的存在。因此，企业的领导者要使出浑身解数，用聪明才智降伏住"刺儿头"。

巧妙清除团队里的"马屁精"

喜爱被夸奖是人性的特点和弱点。正因为如此，公司里总少不了喜好阿谀奉承的人。这些喜欢溜须拍马的人，知晓人都喜爱被恭维的道理，便肆意地趋炎附势，巴结领导。这些人以为，只要自己把领导哄高兴了，就能升职加薪。有些企业的领导者确实吃这一套，他们喜欢利用下属的赞颂和讴歌来满足自己的虚荣心。殊不知，如果溜须拍马的不良风气在一个企业中盛行，会导致这家企业内部产生恶性竞争，严重破坏员工之间的相互合作。

了解溜须拍马的风气对企业发展不利并不难，能真正抵御住这种无形的腐蚀才是真的不容易。

某公司有个擅长溜须拍马的员工，由于他时常把总经理哄得非常高兴，故而得到了不少好处。后来，这位总经理被调到了总部，同时总部又调派了一位新的总经理顶替之前的那位。

这个新上任的总经理向来刚正不阿，据说他平常总是故意远离那些喜好阿谀奉承的人。单位的同事们都开始议论，说这个喜欢阿谀奉承的员工的好日子到头了。

新来的总经理第一天上班就召集全公司的员工开会，并当着所有员工的面宣告："我向来厌恶那些趋炎附势、阿谀奉承的人，要是我们公司有谁是这样的，我奉劝他趁早改正。千万别想着来奉承我，我不吃这一套。"

这位总经理刚刚讲完，那个很会奉承领导的员工便接话道："现在公司里像总经理您这样正直的人已经不常见了。"

新上任的总经理听到这个员工说的话十分高兴，而同事们看到这种情况都相视一笑。真是让人想不到，这位看起来刚正不阿的总经理也和那些喜欢员工奉承自己的领导一样，很乐意听到下属抬高他。由此可见，领导者稍不留神就会陷入被吹捧的陷阱中。

溜须拍马的氛围对公司而言毫无益处，它会在无形之中破坏内部团结。身为公司的领导者，要及时制止溜须拍马之风在公司内部扩散。面对那些阿谀奉承的高手，领导者一定要时刻保持冷静，千万别被糖衣炮弹击中。同时，领导者应该使用不损伤颜面和不破坏融洽关系的方式，来提示和制止那些喜欢拍马屁的员工。此外，领导者还应当好好思考一下，为什么那些员工要使用溜须拍马的手段来达成目的，是不是他们的正当利益在使用了正当的方法之后并没有得到。作为公司的领导者，应该特别注意这种情况。

李刚在一家装修公司担任行政助理，负责辅助总经理开展行政工作。这位总经理经常出差，因此就把公司的行政工作全部委派给李刚负责。

新入职的梅梅见到李刚在公司很有权威，便时常在各种场合奉承李刚。梅梅常对李刚说："李哥，我真的非常敬佩你，你有太多优点了，不但做事大方得体，考虑事情十分周到，而且特别有自己的想法。""我从你的言行举止中就能感觉出来，你非常有涵养。真想知道，你为什么这么迷人。""你年纪轻轻能力就这么强，以后绝对能取得更大的成就。总经理对你这么信赖，就是最好的证明。往后希望你能多多指导我一下，跟着你的脚步，我绝对可以学习到更多东西。"类似这样的话语随时随地能从梅梅的嘴里说出来，让李刚怀疑梅梅是不是公司专门安排进来奉承自己的。

为了阻止梅梅的这种行为，李刚就对梅梅说："梅梅，你肯定每天都喝蜂蜜水，不然说话怎么跟蜜一样甜，我都快被你夸到天上去了。但是往后啊，请一定不要再夸奖我了，否则我都没脸来公司上班了。说实话，我挺怕碰到你的，因为每一次碰见你，你都对我赞不绝口，但是我想到你的那些夸奖，就感觉惭愧不已，我自认配不上你的赞扬，所以每次碰见你就非常羞愧!"

这件事情过后，梅梅终于不再奉承李刚了。

在上述例子中，对待像梅梅这样喜欢讨好公司领导的员工，李刚没有直接批评，而是使用委婉的方式，夸奖梅梅说话动听，然后再暗示她这样的行为给自己制造了诸多烦恼，示意自己反感这种行为。李刚采用间接的表达方式，既能巧妙委婉地提醒下属，又不会损伤下属的颜面，而且不会破坏公司融洽的工作氛围。

此外，要想减少团队中的"马屁精"，还需要根据公司的具体情况采取不同的措施。

1. 创业期的公司

处于创业期的公司，由于处于非常激烈的竞争中，要想站稳脚跟并得到更大的发展，就需要员工不断创新，而和"马屁精"谈创新，无异于对牛弹琴，因此，创业期的公司团队里是不需要"马屁精"的。"马屁精"的产生主要是因为公司的主观绩效评价制度，所以，要想遏制"马屁精"的产生，就要改革考核方式，少用或不用主观绩效评价制度。

2. 发展期的公司

处于发展期的公司，如果团队里"马屁精"很多，员工就会唯上不唯实，分权也就毫无意义，因此，要实行集权管理。

当团队里"马屁精"比较多时，他们之间就会产生竞争，而竞争越激烈，所反馈的信息就会更加准确和完备。集权管理者根据这些信息，就可以做出更有价值的决策。

第五章

树立威信，权驭下属

◆ 严格要求才会树立威信

◆ 用制度的力量强化自己的权威

◆ 为了确立权威，必要时不妨杀一儆百

◆ 要平易近人，但不能脱略形骸

严格要求才会树立威信

"正人先正己""打铁先得自身硬"都强调了严格要求自己的重要性。管理者作为企业的领头羊，更要做到这一点。只有这样做，管理者才能树立自己的威信，做好管理工作。管理者怎样才能树立威信呢？

1. 威信从点滴积累

"不积跬步无以至千里，不积小流无以成江海。"同样，管理者树立威信，也是一个积累的过程。

管理者要做到从点滴中树立威信。

在工作中要做到以理服人，而不是以权压人。要求部下听从自己，就要拿出让他们心服口服的理由。

要学会与上下级好好沟通。与上级领导及时沟通工作中出现的问题，遇到超出自己能力范围的工作任务，要如实相告。切记，不要在背后抱怨公司，因为这样的话传到上级领导耳朵里，只会让他们怀疑你的能力。对于下属，要平易近人，不要整天端架子，否则会失去人心，失去群众基础，成为孤家寡人。

2. 与员工保持合理的距离

作为一个管理者，处于领导员工的地位，要学会与员工保持适当的距离。那么这个度应该怎样把握呢？应做到四个字：亲疏有度。因为"近则庸，疏则威"。

管理者要避免与员工走得太近，放弃把所有的员工处成一家人的这个想法。

在工作中，管理者与员工走得太近，并不利于工作的开展。比如，当你做出的某项决定，恰恰触犯了一名与你走得很近的员工的切身利益时，如果他顾全大局，明白事理，知道以公司的利益为重，愿意放弃小我成全大我，当然皆大欢喜；但是，如果他以个人利益为重，依仗与你的交情，让你改变决定，你不就陷入两难的境地了吗？若改变决定，作为管理者的你就是言而无信，人设坍塌；若不改变决定，你们之间的关系就会迅速恶化，对方还会给你扣上一个不讲情面的帽子。

所以，就算你很器重某一位员工，提拔他成为你的得力助手，经常带他出入各种场合，也不要让别人误以为你们是铁哥们儿，你们之间的关系应该局限于良好的上下级关系，否则会造成不良影响。

身为一个管理者，要兼顾整个公司和全体员工的利益，一且你与某些员工交往过密，其他员工就会觉得你们在搞小团体，不利于顺利开展工作。

同时，处于这种关系中的员工也很难发挥自己的能力：一方面，他认为有领导罩着，天塌下来也有人顶着，难免会办事不周，有损公司利益；另一方面，他和领导的关系太密切，极易遭到其他同事的排挤、打压，处境会变得尴尬。

当然，管理者也不能与员工"走"得太远。一方面这会让管理者不能及时发现员工的优点与缺点，不利于合理用人；另一方面也会让员工觉得管理者过于高高在上，难以获得员工的信任。

所以，管理者与员工之间的关系应该是亲疏有度的，这样既能避免员工为"争宠"而互相嫉妒，减少员工对管理者奉承、送礼等不当行为发生的可能，又不会让员工觉得管理者毫无人情味，从而跟管理者不是一条心。

3. 不要光耍嘴皮子

我们都知道"没有金刚钻，不揽瓷器活"这句话所讲的道理。管理者之所以能够坐在这个位置上，自身的业务能力应该是毋庸置疑的。所以，用业绩说话是管理者树立权威的最好方式。

范经理的事例就很好地说明了这一点。

范经理上任之初，胸中豪情万丈，准备展开拳脚，大干一番。他一改前任管理者做事拖泥带水的风格，火速制定出了新的规章制度，打算好好整顿一下公司内部的秩序。但让他没想到的是，效果并不理想。经过调查，范经理才知道，原来是公司员工对刚上任的他持观望态度，还没完全信任他的能力和专业水平。

知道原因后，范经理决定用实力说话。他亲临一线，与销售人员一道奋战，一个月后，就上交了一张漂亮的答卷：公司业务量大增，效益直线上升。范经理就这样用自己的实力征服了员工，为自己赢得了话语权。从此，他指哪儿，大家打哪儿，工作热情高涨，公司发展势头越来越好。

由此可见，员工的眼睛是雪亮的，管理者只有在工作中以身作则，做出榜样，才能让员工心服口服。员工最讨厌的就是只会耍嘴皮子的领导，所以做出实际业绩自然就能够建立自己的权威。

4. 不要淡化管理者的身份

管理者要有身份意识，跟员工在一起时，要适当表现出自己的"身份"。比如，在办公室和员工谈话时，要让外人能一眼辨识出谁是领导，谁是员工。俗话说"严生威"，管理者保持威严，能赢来员工的尊敬，为工作的开展创造有利条件。

那么具体怎么做呢？

首先，管理者的举止要稳重，要让员工意识到你是不可怠慢的，这样，管理者的领导形象才能在员工面前立住。如此一来，员工自然会谨慎行事，就算是活泼好动的员工也不敢同你乱开玩笑、勾肩搭背，当你们一起离开办公室时，员工自然会恭敬地把门打开，让你先行。

其次，管理者要注意根据不同的对象、场合等调整自己的讲话方式。比如，在办公室里跟员工讲话，要做到亲切自然，让员工在轻松愉快的氛围中领会自己的意图；在公开场合讲话，尤其是面对众多员工演讲、做报告等，要做到掷地有声。

需要特别注意的是，不管在哪种情况下，管理者讲话都要坚决果断，切忌含糊不清。

再次，管理者要多思考少说话，要给人一种稳重的感觉。比如，可以用"让我仔细考虑一下"或"容我再和其他领导研究、商量一下"来结束与员工之间的谈话，这会给员工一种安心的感觉。

最后，管理者要懂得以身作则。管理者如何行动也很重要，因为员工不仅仅是听你怎么说，他们更愿意看你怎么做，所以，管理者要求员工做到的，自己首先要做到。

5. 要学会控制自己的情绪

管理者应练就喜怒不形于色的本领，不轻易表露自己的观点和情绪。因为，管理者作为企业航行的舵手，免不了面对种种复杂的情况，只有喜怒不形于色才能不让外人窥探出自己的底细和实力，被人钻空子。

管理者还要练就强大的心理，遇事要淡定。管理者身上肩负的责任重大，遇到的难题也多，如果遇事自己先慌了，谁来带领员工走出困境呢？所以，管理者要学会做自己情绪的主人，泰山崩于前也要做到镇定自若。

6. 言行举止要庄重

管理者要时刻注意自己的言行举止，因为这是你的"第二张脸"。平日里，员工都是通过你的一举一动，来判断你的为人。所以，你的仪表，你的谈吐，你的为人处世，无不一一传递着你的个人信息。行为就是无声的语言，一名优秀的管理者应该严格约束自己的行为，在员工面前树立良好的个人形象。

用制度的力量强化自己的权威

"没有规矩，不成方圆"是我们中国人都耳熟能详的一句话。对企业来说，规章制度就是企业员工行事的"规"和"矩"，是企业中的每一个员工都必须遵循的办事章程和行动准则。

管理者作为企业的领袖，更应该懂得用规章制度来约束员工，让他们明白这是一条红线，不可跨越。

所以，有智慧的企业管理者，不仅要懂得如何进行公司的制度建设，还要懂得如何让这些制度发挥效用。对于那些无视公司纪律的员工，要予以警告，几次警告无效之后，要毫不迟疑地将他们清除，不要让他们威胁到企业的生存和发展。

日本伊藤洋货行的创始人伊藤雅俊就是一个行事严厉的企业家。虽然他的外表看起来彬彬有礼，有温润儒雅之风，但在企业的管理上，他奉行"铁血政策"，从不感情用事。他会将达不到工作要求的员工，毫不留情地开除。他强调员工要有奉献精神，不可恃功生骄，不可居功自傲。看看他是如何处置岸信一雄的，你就会对他的处事风格有更深刻的认知了。

岸信一雄是从一家以生产食品为主的公司跳槽到伊藤洋货行的。入职后，他凭借丰富的食品经营经验，为伊藤洋货公司带来了新的发展活力，在十多年的职业生涯中，为公司立下了汗马功劳。

面对骄人的成绩，岸信一雄开始居功自傲起来，这直接表现在人际交往的过程中，他常常是一副目中无人的样子，让其他员工非常不满。他在一些经营理念上与伊滕雅俊不同，因此岸信一雄常顶撞伊藤雅俊。更糟糕的是，在岸信一雄的影响下，有的员工有样学样，也变得恃功矜能起来。

岸信一雄的行为不断挑战着伊藤雅俊的底线，伊藤雅俊终于忍无可忍，要求岸信一雄立刻改变工作态度。但是岸信一雄置若罔闻，依然我行我素。伊藤雅俊批评的次数多了，他就满不在乎地回道："难道你没有看到我的工作业绩在不断上升吗？"

最后，伊藤雅俊做出了解雇岸信一雄的决定。虽然他很心痛，但他考虑的是岸信一雄的做法影响的不是一两个人，而是会造成整个企业管理上的混乱，如果不采取措施，企业必受其害。

这个消息传出后，不少人为岸信一雄求情，可是伊藤雅俊并没有收回成命。他说了这样一句话："制度之于企业，如生命一样重要，如果不惩处那些不遵守制度的人，会对企业造成危害。即使这种惩处会给企业造成一定的损失，我也在所不惜。"

由此可见，伊藤雅俊对制度是多么看重。岸信一雄有才能不假，但伊藤雅俊认为合理用人的前提是看他能不能在公司的制度下发挥自己的才能，帮助企业形成真正的良性竞争机制。伊藤雅俊是这样说的，也是这样做的。他时时告诫员工：企业要发展壮大，靠的是员工的奉献精神，而不是一味滥用权力，奉行毫无章法的自我主义。伊藤雅俊的做法就是典型的用制度的力量来强化自己的权威。

那么，如何最大限度地用制度的力量强化自己的权威呢？

1. 先严后宽

管理者需要将丑话说在前头，明确说明，对于不遵守规章制度的员工，将给予严厉惩罚，让员工认识到规章制度并不是贴在墙上的，而是真正具有约束力的。这些动真格的惩罚，可以让员工养成自觉遵守规章制度的良好习惯，即使以后没有人监督，他们也能自觉遵守制度。

2. 制度公开化、透明化

企业的规章制度要做到公开化、透明化，要让每一位员工都知晓制度的内容。试想，如果员工不清楚企业有哪些制度，当员工犯了错误的时候，管理者才把规章制度拿出来处罚员工，那么员工的心里必然感到极度不平衡。正所谓"不知者不罪"，员工如果对企业的规章制度不清楚，自然无法很好地遵守它。所以，保证规章制度的公开化、透明化，才利于制度的良好执行，也能体现出企业对员工的尊重。

3. 一视同仁

要想让员工心甘情愿地遵守规章制度，管理者必须做到对事不对人。这是针对某些企业的不良现象来说的。比如，有时一个员工明明违反了制度，但是由于他是公司的某一级别的管理者，为了维护他的威信，上级就网开一面，使他免于处罚。这样的做法，会让规章制度成为员工眼中的"一纸空文"，众人自然就不会好好遵守了。所以，管理者如果想有效维护规章制度的权威性，就要做到一视同仁，保证"王子犯法，与庶民同罪"。

4. 从小事着手规范管理

管理者可以先从小事着手进行规范管理。比如，当员工用餐时，可以进行突击性的检查，看员工是否有浪费食物的行为；用餐完毕后，是否将餐盘放回指定位置。一旦发现有人没有按规定办事，要及时与他们沟通，督促其改正，从小事上帮助他们养成自觉遵守规章制度的习惯。

5. 适时改动内容

规章制度不应该一成不变，而是需要随着形势的变化而变化。企业的发展壮大是一个动态的过程，员工在变动，环境在变化，所以，企业的管理制度也要随着变化的形势及时更新。

只有及时更新规章制度，才能够在变化的形势下，继续发挥激发员工积极性的作用，成为方便、有效地进行管理的一把利剑。

综上所述，规章制度是维护企业的秩序，规范员工行为规范的一件好用的工具，管理者不能让它成为摆设。对试图违反制度的员工绝不姑息，以强有力的手段保证规章制度的落实，才能强化管理者自身的权威，确保企业的健康发展。

为了确立权威，必要时不妨杀一儆百

俗话说："人上一百，形形色色。"企业中聚集了各种各样的人，难免会有几个害群之马。这些人身上好的习惯没有，坏的习惯却像打哈欠一样，传染性极强。比如，上班迟到问题之所以屡禁不止，就是因为经常迟到的那几个员工从第一次迟到就没有受到处罚，然后其他员工就会有样学样，致使迟到的人越来越多。要想杜绝"迟到风"，就要杀一儆百，严厉惩罚带头迟到的员工，坚决捍卫制度的权威。

管理者在处罚的过程中需要注意两个问题：一是杀一儆百时不可盲目。被"杀"的员工一定是违反规章制度有严重过失的人，好比"擒贼先擒王"，只有当你惩治的是那个不遵守秩序的"带头人"的时候，效果才最好。二是处罚时要防止"一锅端"。这样做只会让犯错的员工更加无所畏惧，他们心里会想："天塌了，大家一起扛，怕什么？"根本起不到惩戒的效果。所以，面对这种情况，管理者一定要抓一个典型出来，狠狠打击，以儆效尤，如此，才能起到警示其他人的效果。

下面这个例子就很好地说明了这一点。

李女士是一家科技公司的行政人事主管，主要负责行政、人事、后勤等方面的事务。她刚刚上任就发现公司存在着一个严重的问题：很多员工在上班的时间用公司的电脑打游戏。上至一些部门主管，下至普通员工，都沉迷于游戏当中。

李女士通过调查了解到，上班打游戏之风屡禁不止的原因在于公司漏洞百出的管理制度。公司之前制定的管理制度根本没有禁止员工在上班时间玩游戏的条款。接下来，李女士就开始"对症下药"了。她从修改公司的管理制度着手。为了发扬民主，她让大伙儿都提意见和建议，并采纳了合理建议。她又特意增加了"公司计算机管理"制度，将在上班的时间禁止用公司的电脑下载并玩游戏一事明明白白地写进了制度条款中，如有违反，发现一次记大过处分，发现两次扣发全年奖金，发现三次直接开除。她修订后的这份新的规章制度很快就得到了公司领导的批准，并开始实施。

新管理制度的处罚措施虽然很严厉，但并没有取得理想的效果。那些爱玩游戏的员工只是开头几天装了装样子，之后就跟以前一样，上班照旧用公司电脑玩游戏。李女士很头疼，于是又进行了调查。她发现这种情况产生的原因是几个部门的领导无视公司纪律，带头在上班时间玩游戏。员工看领导都不把规章制度放在眼里，上行下效，自然有恃无恐。了解到这个情况，李女士决定动动真格，以杀一儆百的方式来扼制这股打游戏之风。

一天早上，李女士和公司监督人员在办公时间来到办公室进行突击检查，将那些正手忙脚乱关闭游戏画面的主管和员工抓了个现形。李女士根据新的管理制度，当场就对上班时间玩游戏的几个主管进行了严厉处分。这一次，效果特别明显。那些爱在上班时间玩游戏的员工见到自己的领导受罚之后，都收了手，再也不敢在上班时间玩游戏了。

上述例子中出现的那些带头玩游戏的主管就是公司的害群之马，他们无视规章制度，使得下面的员工也跟风玩游戏，无疑是起了很坏的带头作用。李女士对这些害群之马，按章处罚是明智之举。只有杀一儆百，才能有效地让员工改掉恶习，使工作氛围回归正常。

如果李女士当初只是一味地退让，就会让员工察觉出她的软弱，新建立起来的制度的约束之力马上会消失殆尽。由此可见，纪律是维持秩序的必要手段。

　　管理者需要注意的是在杀一儆百之后，也要体现自己善解人意的一面。要善于用人情去感化那些被处罚过的人。我们常说"情理法"，"情"排在第一位，就是这个道理。所以，作为管理者应该记住，好的管理应该是恩威并施的。

要平易近人，但不能脱略形骸

　　距离产生美，这句话不仅适用于恋人之间，也同样适用于企业管理者与员工。管理者对待员工如果能够做到不即不离，就能完美地处理双方的关系，让工作关系和私人关系互不干扰。

　　下面就是两个有代表性的例子。

　　李经理和小王在同一家企业上班，在工作中，两人是上下级关系。在私下里，他们是很亲密的好友，有空的时候会约着一起喝酒。一次下班后，两人又一起去喝酒了，其间相谈甚欢，很晚才回家。不料第二天，小王迟到了。罚他还是不罚他，李经理感到左右为难：公司里的员工都知道他们两个"走"得近，如果不罚，其他员工会不服，认为他徇私，藐视公司纪律；如果罚，又显得他太不近人情，小王会想："昨天还和我一起喝酒，称兄道弟，怎么一眨眼就变脸了？"说不定会因此失去这个好朋友。

　　经过一番深思熟虑，李经理觉得自己作为公司的管理者，应该以大局为重，把公司利益放在第一位，绝不能让下属觉得自己包庇亲信；要是不处罚小王，会在公司造成不好的影响，这样他以后还怎么开展工作？于是，李经理按照公司的规章制度处罚了小王。其他员工看到李经理动真格了，对李经理肃然起敬，都不敢再轻易违反公司制度。

正是因为李经理能够把私人关系和工作关系分清，不让私情影响工作，所以才能赢得员工的尊重。

作为管理者，李嘉诚是一个能够与员工保持合适关系的高手。他的长江实业公司和其他公司都是交给儿子和老员工们打理的。许多采用家庭管理模式的企业都走向了失败，但李嘉诚的这些公司的经济效益一直都很好。原因就在于，李嘉诚对儿子和员工都能够做到亲疏有度。无论是儿子还是员工，只要犯了错误都要接受处罚。但在私底下，李嘉诚对他们非常亲切，与儿子是亲密无间的父子，与老员工是患难与共的兄弟。就这样，李嘉诚既得到了员工的拥戴，又让他们心甘情愿地为自己尽心做事，所以企业才越办越好。

有人可能会问，亲疏关系的尺度该怎样把握？这个确实不大容易。倘若管理者一味疏远员工，端着领导的架子，肯定是不行的，这只会让他们感到管理者神圣不可接近，员工自然就会与之离心。

那么，什么样的距离才是刚刚好呢？

首先，管理者需要与员工保持适当的心理距离。管理者要在心中树立这么一种距离意识，明白自己与员工搞好关系是为了让工作更好地开展，让企业顺利地发展。

其次，管理者要注意与员工保持适当的接触距离。要意识到和员工走得太近或者太频繁，都会给工作带来不好的影响，让下属变得无所顾忌，不利于树立威信。

所以，管理者的"近"要有度。虽然，管理者应该做到密切联系员工，和员工打成一片，也可以允许他们在非工作场合表现得随意一点儿，但绝对不能让员工心中没有上下级的观念。一定要让他们深刻地认识到领导永远是领导，无论他表现得多么平易近人，但在工作上仍旧是上下有别。

那么，领导者怎样才能在保持距离的同时，与员工拉近距离呢？下面有几点建议。

1. 多认可员工

管理者需要多认可员工，肯定他们的重要价值，并将这种认可和肯定毫不吝啬地传递给他们，这样不仅能够增强员工自信心，还能提高他们的工作效率。

2. 学会沟通

通常情况下，员工之间的距离比较近，是因为他们之间的沟通无障碍，可以明白对方的意图。而作为管理者在和员工沟通时，应该注意话题的选择，沟通时应张弛有度。这样，员工既能明白自己的意思，又不会产生工作时的紧张感。

企业管理者与员工之间的距离问题，既有一定的科学性，也有一定的艺术性，因此，每一个企业管理者应该在实践中不断地学习和提升，真正把握好与员工之间的距离。

第六章

处事公平，为人公正

- ◆ 制度面前没有特权
- ◆ 有功必赏，有过必罚
- ◆ 公平不等同于平均
- ◆ 不公正是矛盾的源泉

制度面前没有特权

"没有规矩，不成方圆"是我们中国人非常熟悉的一句话。对企业来说，规章制度就是企业员工行事的"规"和"矩"。这是在企业的每一个员工都必须遵守的办事规程或行动准则。

有人会问："这些规章制度都是企业的最高领导授权制定的，他们应该可以例外吧？"答案是否定的。规章制度就是铁的纪律，对企业的每一个人都有约束力，谁也没有享有规定之外的特殊权利。"王子犯法，与庶民同罪"说的就是这个道理。

试想一下，如果企业的管理者都不能带头遵守自己制定的规章制度，那么，规章制度就会变成一纸空文，一方面，使公司的管理没有章法可循，进入无章无序的状态；另一方面，会大大降低规章制度对企业员工的约束力，不能形成强有力的向心力，员工的工作效率会大打折扣。

所以，企业的管理者，要带头遵守规章制度，不搞特权，当自己违反了相关制度，也要和员工一样接受处罚。只有这样，才能保证制度的威慑力和公信力，使得制度对每一个人都具有相同的约束力，做到"制度面前，人人平等"。

发生在 IBM 公司董事长托马斯·约翰·沃森身上的一件事就很好地说明了这一点。

IBM 公司为了方便员工的出入管理，推出了两种不同的员工胸牌：厂区工作人员佩戴浅蓝色的胸牌，行政大楼工作人员佩戴粉红色的胸牌，两种胸牌不能混用。

虽然有明文规定，但总有一些人违反制度，不佩戴工牌，或混用工牌，给警卫人员的工作造成了许多麻烦。

有一天，沃森带着一个国家的王储参观工厂。他们走到厂门口时，被两名警卫拦住，不允许他们入内，给出的理由是他们身上佩戴的都是行政大楼工作人员的粉红色胸牌，而不是进入厂区的浅蓝色胸牌。

董事长助理见此情形，对警卫大声吼道："难道你连站在面前的沃森董事长都不认识了吗？现在，我们正陪重要的客人参观厂区，请立即放行！"

警卫听了，回答道："我们当然认识沃森董事长。但 IBM 公司的规章制度是要求我们只认胸牌不认人，所以我们必须照章办事。"说完，依旧没有放行。

沃森虽然被拦在了厂区门外，但他并没有为此生气。相反，他为公司拥有如此尽职尽责的警卫感到欣慰，对其进行了表扬，并安排助理尽快为一行人更换了胸牌。

接下来，IBM 公司的警卫部将这天发生的事情传达了整个公司。从那以后，IBM 公司员工不佩戴工牌、混用工牌的现象就再也没有发生过。这就是 IBM 公司董事长沃森以身作则所起到的良好带头作用。

由此可见，只有公司的管理者以身作则，做到制度面前没有特权，制度约束没有例外，才能让所有员工做到自觉维护制度的权威性。

但是，公司管理者也要深刻认识到，处罚违纪员工的目的是让他们认识到规章制度的严肃性，而不是单纯为了惩罚。所以，管理者需要与受罚的员工进行深层次的沟通，消除他们因受罚造成的不理解，同时，管理者要表现出相信他们一定能够改正错误的态度，让他们感受到足够的信任。这样才能达到激励的效果，形成遵守制度的良性循环。

有功必赏，有过必罚

对于什么是成功的管理，有这么一句经典的话："黑白分明的管理才是成功的管理，对白的进行奖励，对黑的进行惩罚，这样管理才会越来越白，否则便会越来越黑。"简而言之，就是要求管理者做到赏罚分明——有功必赏，有过必罚。

我们先来看一个有功必赏的事例。

某公司的销售总监在团队中的人气一直很高，原因就是他能够做到有功必赏。他每月盘点销售业绩，对当月的销售冠军进行奖励时，都很舍得下血本。比如有一次，他就奖励了当月的销售冠军一辆豪华汽车。当他把车钥匙递给对方的时候，可想而知对方心里是多么激动。他的大手笔，笼络了不少人心。以至于当他离开这家房地产公司，准备自立门户时，以前的下属都愿意继续追随他。

我们再来看一个有过必罚的事例。

某IT公司一直缺乏专业的技术研究人才，总经理好不容易才从某大公司挖来一名信息系统专家。这位专家专业技能的确高超，但行事过于散漫，不遵守公司的制度，还特别缺乏责任感，工作中经常出错。于是，有人建议总经理按章处分这位专家，免得拖下去给公司造成更大的损失。但总经理完全不顾及他人的建议，还给专家设立了个人办公室，希望他能静心研究出成果。

总经理的行为伤了那些忠于企业、安心干活儿的员工的心，他们觉得非常不公平。凭什么那位专家视公司制度于无物，还可以拿着高薪，拥有私人办公空间？凭什么因为他的失误给别人的工作造成困扰，他却不用接受任何批评和处罚？他们将不满的情绪发泄到工作上，不再像以前那样卖力了。此时，总经理还是一意孤行。

直到因为专家的失误，公司失去了一位重要的客户，其他员工怨声载道，甚至有几个人直接发话说不干了，总经理才意识到问题的严重性，赶忙把专家辞退了。但造成严重后果才处理，已经晚了，总经理已经失去人心了。

在现代企业管理中，有许多管理者会像上述这位总经理一样，喜欢大事化小，小事化了，在一团和气之中把公司搞得一团糟。如果管理者做不到奖惩分明，只会做"老好人"，不忍心处罚那些绩效不达标的员工，不敢管那些有过错的"刺儿头"，不能果断处罚有过错的员工，这些举动会大大打击其他员工的工作积极性，从而使自己丧失作为管理者的威信，降低团队的战斗力。

所以，管理者要清醒地认识到赏罚是管理团队的有效手段。管理者必须坚持公平公正的原则，要做到该罚则罚，该奖则奖，赏罚分明。只有这样，才能正向激励员工，使员工觉得领导没有偏心，他们才会更加努力工作，齐心协力促进公司的发展壮大。

管理者还需要注意的是，在对下属进行赏罚时，需要公之于众。鬼谷子曾言："刑赏信正，必验耳目之所见闻，其所不见闻者，莫不暗化矣。"意思就是，进行赏罚需要让众人亲眼所见，亲耳所听，传扬开来才能让那些没有亲见亲闻的人也受到影响，在最大范围内起到激励作用。

公平不等同于平均

公平虽然是一种有效激励员工的手段，但大多数人并没有真正理解公平的含义，特别是对于"平"字的理解。有的人认为"平"就是平均主义，大家都享有同等的待遇。下面这个事例中的老板就是这样理解的。

这个老板雇了两个手艺人给自己干活儿。其中一个，手艺好，干活儿踏实，做得又快又好，三天就能做出一个柜子。另外一个，手艺差，人也不勤快，一个星期才能做出一个柜子。这个老板给两个手艺人付工钱的时候并没有采取多劳多得的方式。月底的时候，两人拿到的工钱一样多。

一天，两个手艺人在一起聊天。手艺差的那个人笑话手艺好的那个人，说："你手艺再好，做得再快，有什么用？我们还不是拿同样多的钱。"手艺好的那个人一听，心里咯噔一下，觉得他说得有道理，想："反正再怎么辛苦，也是拿那么多钱，我还是省省力气吧。"

此后，两个手艺人的工作效率一个比一个低，可想而知，这个老板挣的钱也越来越少。

这个老板没有做好生意的原因就是没有正确理解"平"的意义。"平"并不是说每个人的待遇都一样，而是规则公平，机会均等。所以，管理者面对不同的员工，要遵循各尽所能，按劳取酬的原则，唯有如此，才能充分调动有能力的员工的工作积极性。

相比之下，印度的信息系统科技公司的负责人墨西就做得很好。作为印度最受尊敬的企业领导人之一，墨西成功领导的秘诀就是不断强化公平的内涵，而不是当平均主义下的好好先生。

首先，在招聘环节上，墨西坚定地秉持公平公正的原则。比如，应聘者前来应聘时，接受的是统一的考试，这个过程公开透明，没有什么可值得怀疑的地方。其次，公司也尽量为每件事情都设定可衡量的标准，员工得到的报酬是根据员工的表现、贡献、工作态度等进行公开评估而确定的。最后，墨西要求管理者在做决定时也要做到公平。他们的决定必须是对大多数员工有好处的。

墨西推行的这些公正原则，让员工尝到了甜头，所以，他们都愿意追随墨西。墨西对自己的做法也感到很骄傲，每当有人问他希望以后的人如何看他时，他都回答："我希望将来别人别说我是一个不公正的人，我就满足了。"

墨西的公正原则，是值得每一个管理者学习的，这是一种明智的管理策略。因为，不公正的待遇，只会打击员工的积极性，降低管理者的个人威信。只有实行按劳取酬，根据员工创造价值的大小给予相应的物质待遇，才能有效地激发员工的干劲。不然，不仅不会让每个员工心悦诚服，还有可能导致企业出现混乱的局面。

不公正是矛盾的源泉

俗话说，"物不平则鸣"。员工也是一样，受到不公正的待遇就会愤怒、委屈。这时，如果管理者做不到秉公处理，事情就会变得越发糟糕。

下面就是一个典型的事例。

办公室里，员工张贝正急着将桌上的一份重要文件拿给领导签字。不料，旁边的一个同事将文件弄湿了。张贝情急之下，埋怨了同事几句，可同事不但不道歉，还理直气壮地说自己又不是故意的，是张贝太小气。于是，两人争吵了起来，各不相让。后来，这个同事控制不住情绪，猛地把张贝推倒在地，弄脏了张贝的衣服。张贝气不过，把这件事告诉了老板。但这个同事是老板的一个亲戚，老板"胳膊肘往里拐"，打算大事化小，于是，他只是轻描淡写地安慰了张贝几句，就没了下文。老板如此处事，让张贝惊怒交加，她心想："老板处事也太不公平了，明明是那个同事的错，老板却不为我主持公道，我还有什么理由再那么卖力地为他工作呢？等着瞧吧，这事没完！"

上述事例中的老板因为处事不公，让员工之间的矛盾越来越尖锐，公事之争演变成了私人恩怨，不仅让受委屈的员工对他心存怨恨，他自己就此失去了一个忠诚的好下属，而且还造成企业内耗，使团队变得没有凝聚力。

那么，管理者应该如何解决员工之间的矛盾呢？那就是做到"一碗水端平"。不因员工能力强而包庇他的过错，也不因员工能力平平就无视他的委屈，做到一视同仁，公平公正，自然能真正得到员工的认可。

摩托罗拉公司的创始人保罗·高尔文就是这样一个能够公平公正处理员工矛盾的典型代表。

摩托罗拉创业初期，招聘了一个叫利尔的工程师。他在大学学过无线电工程，专业能力很强，把一些老员工都比了下去。于是，一些老员工开始一起排挤利尔，出各种难题刁难他。更过分的是，当保罗·高尔文外出办事时，一个资深的员工竟然故意找了个理由，把利尔给开除了。等保罗·高尔文回来得知此事后，愤怒不已，把那个资深的员工狠批了一顿，并用高薪重新把利尔聘请了回来。后来，利尔果然没有辜负他的期望，为公司做出了巨大的贡献。

这就是保罗·高尔文的高明之处。他十分清楚公正对于员工的意义，所以他在用人时最大的特点就是秉持公正。即使有时因为公司招来的员工个性十足，彼此常闹矛盾，保罗·高尔文也不怕，只要秉持公正的原则，他就可以化解任何矛盾，并且让矛盾双方心往一处想，劲往一处使。在他的带领下，摩托罗拉公司成了其所在国家无线电行业中的佼佼者。

管理者应该好好向保罗·高尔文学习一下，时刻秉持公正的原则处理员工之间的矛盾。因为这一原则既能帮助管理者很好地解决问题，帮他们赢得员工的尊敬和爱戴，又能激发员工的工作积极性。何乐而不为呢？

但光把公平公正装到心里还不算完，在解决具体矛盾的过程中还需要掌握一些技巧，只有这样才能圆满地解决矛盾。

1. 矛盾不必立即解决

有一句话叫作"心急吃不了热豆腐"。管理者在解决矛盾时，也要引以为戒。不要在双方当事人情绪都非常激动的时候，来判断谁是谁非，打算一下子就解决矛盾。这个时候并不是解决矛盾的最佳时机。此时，双方都不冷静，无论管理者怎么处理，都不会让他们满意，甚至会让他们误认为你偏袒某一方。所以，这时最好的方法就是管理者不发表意见，让情绪激动的双方各自冷静一下，平复一下情绪。其实，很多时候矛盾都是由于双方一时冲动，处事不理智造成的。管理者先做降温处理，给他们一个缓冲的时间，待他们想明白后再做处理，结果往往会好得多。

2. 把握和了解矛盾的起因

我们常说，"醋打哪酸，盐打哪咸"。管理者处理矛盾也是一样，需要详细了解产生矛盾的前因后果。有些管理者会犯一个错误：遇到员工闹矛盾，不管三七二十一，只凭自己的主观感觉，就判断谁是谁非。这样处理是大错特错，因为有时候，管理者喜欢的员工也有做错的时候，而平日里表现不好的员工也有在理的时候。

所以，管理者解决员工矛盾时一定要先调查清楚：矛盾是如何发生的，如何发展的，发展到哪一步了，影响大不大……对这些了如指掌后，才能抓住重点，有效地解决矛盾。不然，不但无法将问题处理到位，还会留下后患。

3. 有些矛盾不要轻易介入

管理者还要谨记一点：不是所有的矛盾都是可以轻易介入的。因为，有些员工之间的矛盾并不是工作矛盾，而是性格方面、情感方面的矛盾。像这样的矛盾，"公说公有理，婆说婆有理"，很难判定谁是谁非，管理者一旦介入，不但不能很好地解决问题，还有可能把自己套住。

但是，这类矛盾也会对员工的工作产生不利影响，所以，管理者也不能坐视不管。那么管理者该怎么处理这类矛盾呢？管理者可以把自己放在调解人的位置上，折中协调。不论谁是谁非，对双方各有肯定，在这个基础上，再提出自己的建议，加以完善，给足双方面子，这样就有可能圆满地解决矛盾。

如果其中一方认识到在这次冲突中自己有做错的地方，但就是不愿当面认错，认为面子上过不去，管理者不用勉强他马上道歉，可以私下为双方制造一个缓和的机会。比如，约他们一起聚餐，巧妙地在饭桌上借用一杯酒，让做错的一方表明他认错的诚意，由此拉近闹矛盾双方之间的距离，这样也不失为一种好的解决方法。

随着社会的进步，经济的发展，人们对公正的要求越来越高。作为一个新时代的管理者，更要知晓公正的意义，明白只有胸中怀有一颗公正之心，处事公平，才能赢得员工的信赖和爱戴，从而有效地提高员工的工作积极性，促进企业积极健康地向前发展。

4. 转化矛盾

当员工之间发生矛盾时，管理者还应该具有转化矛盾的能力。如果是负面的矛盾，应该告诫员工要尽量避免；如果是积极的具有建设性的冲突，就要合理利用，这样才不会让矛盾恶性循环。

5. 制定规则

在工作过程中，如果员工之间发生矛盾，管理者有时必须充当仲裁者。此时，如果公司有明确的相关规则或程序，管理者就可以据此秉持公正，从而避免偏袒行为的发生。

第七章

优胜劣汰，危机激励

◆ 适当的危机可以让企业"活"起来

◆ 优胜劣汰，企业才能长盛不衰

◆ 良性竞争，让团队生机勃勃

适当的危机可以让企业"活"起来

一家久负盛名的旅游公司的首席执行官说："要想让员工把注意力高度集中起来，就必须要有一个激励点，而这个激励点就是危机。假如一个企业没有任何危机，那么管理者也应该适当制造一些危机。"

被尊重、被信任无疑是每一位员工都渴望的，但除此之外，管理者也不要忽略了他们追求新奇、想要获得成就感的需求。如果要满足员工的这一心理需求的话，就有必要制造"危机"了。很多时候压力就是动力，如果要点燃员工尝试自己新想法的热情，激发他们的冒险精神，让员工敢于表达自己，管理者就需要为员工搭建一个合理的"危机"平台。

试想一下，假如一家公司常年如一潭死水般波澜不惊，没有任何新状况出现，没有任何新问题需要解决，这不是过于平淡无味了吗？这会让员工的激情无处可用，精力无处发挥，创造力也会在白开水般的工作环境中消磨殆尽。因此，适度地制造点儿"危机"，可以让一个公司"活"起来，员工受"危机"影响，会变得充满干劲。通常情况下，人们都是在承受着"危机"带来的巨大压力下获得成功的。

许多大型公司都是通过制造"危机"的方式，使员工的想象力、创造力得到有效激发。一个有"危机"的企业，会充满生机，充满机遇，充满挑战，员工都是热情而活跃的。当然，制造"危机"并不是说要去搅乱公司的现况，而是要去创造机会，以使企业更上一层楼。

"危机"就像把一个员工放在森林里，让他被猛兽追赶，他必须要以超出平常的速度狂奔才有生还的可能，否则便会面临死亡的威胁。"危机"这个词汇是由"危险"和"机遇"组成的，在危险重重的环境中，人会得到更多的锻炼，从而能把握住更大的机遇。

实践证明，危机能促使员工调动其更多积极性与创造性来完成管理者交给他们的工作任务，而且伴随着其处理各种状况能力的提高，他们也会越来越自信，从而不断提高工作能力，如此形成良性循环。所以，管理者若要高效地鞭策员工，提高其积极性与创造性，不妨试试让员工有危机感。

对那些具有冒险精神的人来说，时时面临"危机"是最强有力的激励方式。因为，克服"危机"需要员工有较高的能力和技巧，所以，他们认为，上司所能给予他们的"危机"挑战是对他们能力的肯定与褒奖，让自己这个英雄有了用武之地，故而会充满干劲。而对于那些故步自封者，"危机"也同样发挥着重要作用，会时刻提醒着他们：如果原地踏步，一定会被淘汰。

"危机"虽然效果显著，但也疯狂而危险，因此，管理者不可一味盲目地投掷，否则一番狂轰滥炸之后，你的员工就会因浩如烟海的"危机信息"而不知所措。管理者必须明白，制造"危机"的最终目的是释放员工的潜能，而不是将员工赶进死胡同。

作为管理者，你需要不断向员工灌输危机观念，让你的员工明白公司的生存环境艰难这一事实，以及由此可能对他们的工作、生活带来的不利影响，这样就能够激励员工为了自身利益而自发地努力工作。

在当今的市场环境中，大企业也好，小企业也罢，生存环境都是瞬息万变的，自身状况都在不断变动之中，每家企业发展的道路都因此而充满了危机。

正因为如此，惠普公司原董事长兼首席执行官普拉特才会说："过去的辉煌只属于过去而非将来。"由此可见，企业管理者对于危机的感受是非常深刻的，但普通员工对危机的感受往往并不深刻，特别是不在市场一线工作的那些员工。很多没有危机意识的员工都滋生了享乐思想，他们自认为当前收入稳定，就可以高枕无忧了。在这种思想的引导下，自然不会再奋力拼搏了。由此可见，企业管理者向员工灌输危机观念是很有必要的，可以帮助员工树立危机意识，重燃他们的工作热情。

当今社会，各个行业的竞争都异常激烈，各个企业更新、淘汰的速度越来越快，危机意识就是强烈的生存意识。原先知名的大企业逐渐衰败之时，又有许多名不见经传的中小企业崛起。从某种意义上来说，只能前进而不能后退就是市场竞争的规则。作为一名企业员工，如果不能认识到当前竞争形势的惨烈，不积极进取，力争上游，注定会被企业淘汰。

一家具有忧患意识的企业，必将是一个能走得长远的企业。

成功的企业，都是具有危机意识的企业，因为企业最大的风险就是没有危机意识。"永远战战兢兢，永远如履薄冰"是海尔集团首席执行官张瑞敏所提出的企业生存理念，正是这种居安思危的理念，使海尔始终保持蓬勃向上的发展势头，造就了其在业内打不倒的传奇。

那么，如何有效地帮助员工树立危机意识呢？下面我们来具体讲一下。

1. 树立企业前途危机意识

管理者要让每一位员工明白，公司所取得的成绩都已经成为过去，在激烈的市场竞争中，公司随时都有可能被淘汰；要想使企业做大做强，永远立于不败之地，道路只有一条，那就是全体员工都积极努力地工作。

2. 树立个人前途危机意识

公司的危机与员工的个人危机是连在一起的，所以树立"人人自危"的危机意识，对每一位员工来说都是有必要的。无论是普通员工还是公司管理者，都应该时刻保持危机感。管理者要让员工有今天不努力工作，明天就有可能会失去这份工作的紧迫感。假如员工真的从内心深处明白了这个道理，就会非常主动地去工作了。

3. 树立企业产品危机意识

管理者要让员工明白一个道理：能够生产同样产品的公司不止我们一家，消费者凭什么选择我们？只有我们生产出的产品有自己的特色，其他公司无法代替，才能让消费者对我们的产品情有独钟。为此，我们必须具备为顾客提供特殊价值的能力。而要想做到这一点，需要公司上下一起努力。

4. 建立科学合理的内部竞争机制

竞争缺失则危机缺失，危机缺失则工作懈怠，工作懈怠则企业难以发展。管理者应引入符合企业需要的内部竞争机制，让员工产生危机感，这样团队才能"活"起来，进而让企业"活"起来。

总之，管理者只有让员工明白企业生存环境的艰难，不断向员工灌输危机观念，才能有效激发其潜能。只有在这种危机意识下，员工纷纷奋勇争先，企业才能在激烈的市场竞争中立于不败之地。

优胜劣汰，企业才能长盛不衰

太阳升起之后，非洲大草原又迎来了新的一天。

睡醒后的狮子想："今天我要飞快地奔跑，一定要追到一只羚羊。"

睡醒后的羚羊想："今天我要跑得飞快，一定不能被狮子追到。"

最终，跑得最慢的羚羊被狮子吃掉，羚羊群中的老弱病残被淘汰，群体变得更为机警、强壮、有活力，从而得到了优化。狮子也因为饱餐了一顿而变得更健壮，从而可以更好地生存下去。

自然界遵循的法则是优胜劣汰，适者生存。在当今竞争日益激烈的社会，这条法则似乎也已经成为企业和个人生存和发展的一个颠扑不破的真理。对个人或是企业来讲，竞争本身是惨烈的，但同时也是对发展十分有利的。

企业为了增强其生机和竞争力，在用人机制上，务必遵循适者生存的原则，对于"不适应者"要及时淘汰。这样，不但可以减轻企业的负担，也可以让留下来的得力干将时刻有危机感，"今天工作不努力，明天努力找工作"的效果自然就体现出来了。

百事可乐公司便是成功运用"优胜劣汰"的用人法则的典型代表。像百事这样世界性的大公司，产品畅销全球，在国际市场上是怎么做到经久不衰的呢？当被问及公司是如何取得这一瞩目成就的时候，韦恩·卡洛韦主管坚定地说："坚持'优胜劣汰'的用人法则。"

韦恩·卡洛韦对自己手下的绝大多数员工都非常了解，他亲自为下属制定能力标准，每年他都会抽出一些时间，与下属共同考评他们的工作。假如一个下属工作业绩不达标，他会再给他一次机会；如果在观察期这个下属还是不达标，这个员工就会被淘汰；对于已经达到标准的员工，第二年他会提高对他们的要求。经过考评，员工会被划分为四类，对待不同类型的员工，韦恩·卡洛韦会采取不同的方式：第一类为精英中的精英，他们将得到晋升；第二类也非常优秀，也有资格得到晋升，但目前尚不能安排；第三类能力还有些欠缺，还需要在现有岗位上多锻炼一段时间，最好能对他们进行专门的培训；第四类能力欠佳、业绩不达标，会被辞退。

全球闻名的松下公司也把"优胜劣汰"的原则渗透进了企

业文化中。为了更清楚地了解经营成果，松下公司每季度都会召开一次各团队管理者都要参加的讨论会。根据业绩的不同，在开会之前，公司管理层就会把所有团队的情况从高到低划分为 A、B、C、D 四个等级。开会时，由 A 级团队先做报告，之后是 B 级团队做报告，然后是 C 级团队、D 级团队依次做报告。这样一来，人们的竞争心理就会被充分调动起来。人人都想先发言，不愿排在最后，自然就会全力提高业绩了。

海尔集团作为全球领先的美好生活解决方案的服务商，他们也将"优胜劣汰"的自然法则作为最有效的激励员工的办法。更妙的是，他们还直接把海尔集团变成了"赛场"，"变相马为赛马"的用人理念提出后，每一位员工都已进入了赛场。海尔集团的"赛马"原则就是公平、公正、公开，这是对人才任免考核的最根本要求。进入海尔集团的人都是参赛选手，就可以参加"竞赛"。在海尔集团，不管年龄大小、资历高低，只要有活力、有技能、有奉献精神和创新精神，就可以实现自己的抱负，而想要浑水摸鱼的人，都会被淘汰。

当然，凡事过犹不及，太过极端必然会走向事情的反面。"优胜劣汰"机制是为了提高员工的竞争意识，但是，如果竞争过了头，就会导致同事之间的关系变得非常紧张，公司内部人心惶惶，在令人窒息的氛围里，每一位员工都会把同事当作敌人，根本无法做到团结合作。因此，管理者在使用"优胜劣汰"机制的时候，一定要把握合适的度，要提倡"友谊第一，比赛第二"。

总而言之，在当今的市场经济大潮中，用"逆水行舟，不进则退"来形容企业之间的激烈竞争是再恰当不过了。在实践管理中，"优胜劣汰"的管理制度，对激发员工的竞争意识是极为有效的，只要结合实际情况，合理使用，一定可以让公司充满活力，立于不败之地。

良性竞争，让团队生机勃勃

　　合格的管理者务必做到：消除员工之间的各种矛盾，保持员工之间的良性竞争，使员工建立良好的人际关系，团结协作，共同向前。

　　在竞争中必然会产生压力，压力可以变成动力，而动力就是活力的来源。公司引进竞争机制，就是为了能更有效地激励员工不断进取，不断学习，这样公司才能不断向前迈进。

　　一家由年轻人组成的软件开发公司，由于找对了方向，加上先进的管理方式，以及年轻人斗志昂扬的创业精神，在短短三年间迅猛发展，已经由一个十多人的小公司发展为在业内广受好评的中型公司。因为公司管理层特别强调团队精神，员工也多是充满活力的年轻人，大家积极沟通、团结协作，每个人都工作得十分愉快。

　　最近，公司的管理层发现员工的工作积极性不像之前那么高涨了。管理层认真分析了员工的分工、收入、人际交往等方面的因素，最终发现了问题的症结所在：公司一直强调和谐的氛围，却忽略了竞争机制的重要性，换句话说，公司的管理层因为担心引进竞争机制会破坏现有的气氛，而刻意回避了内部竞争。其结果是，销售人员很容易就完成了销售定额，而技术支持人员并不关心销售额，在出现问题之时，不是去想办法解决问题，而是掩盖和逃避。公司的现状让人感觉要回到"吃大锅饭"的老路上去了。察觉到了这个危险的信号之后，公司便开始制定新的制度，以使员工之间产生良性竞争。

首先，公司根据市场现状和公司的实际情况，为销售人员制定了新的销售定额。这次的销售定额对销售人员来说是不容易完成的，但通过不懈地努力，就能够完成，甚至还能超额完成。其次，公司还制定了一套完备的销售奖励与惩罚制度，此举意在让销售人员之间的销售过程像赛跑一样。再次，技术支持人员等辅助岗位的工作人员的收入和全公司或是本团队的销售额挂钩。这样他们就会清楚，假如公司既定的销售目标没有达到，他们都是有责任的。最后，公司还将竞争引入各团队。这种员工与员工之间、团队与团队之间的竞争虽然有可能会引发一些冲突，但这些冲突在某种程度上是可以提高团队的效率和效益的。从整体来看，利远远大于弊。

作为管理者，你要知道：在企业员工之间，竞争是肯定存在的，但竞争有良性与恶性之分，管理者的职责就是要积极引导员工之间的良性竞争，遏制员工之间的恶性竞争。

何谓良性竞争？在你追我赶的工作氛围中，大家积极思考，不断学习新技能，努力提高自己的能力，力争取得更好的成绩，这就是良性竞争。良性竞争是有利于公司发展的，可以在很大程度上提高整个团队的工作效率，员工之间的沟通也会更顺畅。

但有一些员工为了一己之私，成天想的是通过诬蔑他人，搞臭他人的名声，暗中给他人使绊子的恶劣手段，让同事拿不下订单。团队中一旦有这样怀有一颗阴暗、嫉妒之心的成员，整个团队都会被这种人拖后腿，产生不良后果：引发团队成员之间的恶性竞争，闹得人心惶惶，使同事交恶。在这种情形下，团队成员就不得不把大量的精力和时间用在处理人际关系上，以免被各种"明枪暗箭"伤害。而一个人的精力是有限的，如此一来，大家放在工作本身上的精力就少了，业绩又怎么能好呢？团队管理者也会被团队成员没完没了的相互揭发、相互抱怨搞得身心俱疲，整个团队变得乌七八糟、混乱不堪。

在这样的团队里，大家都在竭尽全力地相互拆台。谁取得了好成绩，就会变成"出头的鸟儿"，被众人"围剿"。结果，人人都感到身心俱疲，整个团队的业绩一塌糊涂。

因此，团队管理者一定要留心团队的气氛，积极引导大家开展良性竞争，避免恶性竞争。具体可以参考以下几种做法：

1. 创建完善的业绩评判机制

评判员工的能力要遵照实际业绩，评判的标准要客观。切忌根据管理者的好恶来评价员工，也不能偏听偏信。

2. 创建一套公开、顺畅的沟通交流体系

鼓励大家多沟通。有什么不满可以当面说出来，真诚地表达自己心中的想法，而不是背后相互攻击。

3. 不能鼓励揭发、告密的行为

管理者不能鼓励员工之间的非正常的所谓的"监督"行为，更不可听信一面之词。

4. 严惩背后使绊子的行为

那些为了一己之私而利用不入流的手段给其他员工下绊子、破坏团队正常工作秩序的行为，一经发现，管理者应严惩不贷。

5. 管理者必须做出正确的引导

引导员工进行良性竞争，让大家"心往一处想，力往一处使"，是管理者的重要职责。团队好比是一台机器，而员工就是这台机器上的零部件。只有各部分零件合理有效地工作，整台机器才能高效运转！

竞争是一把双刃剑，管理者不能因为害怕竞争会带来负面影响而因噎废食。但在引进竞争机制时，要特别注意，一定要引导员工进行良性竞争。

第八章

化繁为简，高效前行

◆ 低效率靠管理，高效率靠激励

◆ 优势互补，使团队效益最大化

◆ 让员工学会守时

◆ 高效前行，离不开立即行动

低效率靠管理，高效率靠激励

海豚训练师为了训练海豚跳跃的本领，发明了绳子训练法。起初，训练师会向海豚传达这样的信息：要想得到食物就必须从绳子上方游过去，否则，就得不到食物。然后，训练师会逐渐抬高绳子，当绳子抬高至一定高度的时候，海豚便需要跃起来才能通过绳子。如果海豚成功跃过绳子，训练师就会给海豚更多的食物。训练师将这种给予食物的奖励作为一种刺激，训练海豚从不断抬高的绳子上方跳跃。当海豚能够做到从很高的绳子上方跳过去之后，训练师就将绳子取下，然后把食物给予那些从高空中跃过的海豚，向海豚传达无论有无绳子，只有跳得高才能得到食物的信息，以此达成训练的目的。

激励能够成为人前进的动力，能够激发人的潜能。因此，倘若持续不断激励一个人，他便能一直进步。

身为企业的领导者，你既要有处理一切问题的实力，又要有能够激励员工自己处理问题的能力。一名聪明的领导者，不会过多干涉员工，因为做得太多，反而会影响员工的斗志，甚至阻碍他们前进的脚步。对团队的管理也不能太过松懈，否则，员工虽然在一定程度上得到了锻炼，但不容易找到工作的方向。企业管理者要明白，激励的方式很多，并不是任何一种激励方式都有效。所以，管理者一定要找出合适、有效的激励方式，将激励的效用发挥到最大。

所谓激励，激是指激发，励是指奖励。优秀的管理者懂得如何利用激励唤醒员工的内在力量，让他们推动企业发展。

管理者不能盲目进行激励，了解了员工的内心需求，激励才能有的放矢。一个人之所以能够被激励，是因为这个人有对成功的渴望。因此，管理者应创建一个让员工能够不断成长的环境，与此同时，也要清楚何时出手干预，何时放任他们自由发挥。不同的员工需求不同，有的必须要不断激励他前进，有的只需要给他提供舒适的工作环境即可。因此，管理者在建立激励机制时，一定要注意下面几点。

1. 重视企业福利

工资的高低反映的是一段时间内企业需求和人才市场之间的供应关系，而企业福利直接关系着公司和员工之间的长久合作。

2. 正视内在激励

一个完善的企业，除了要给员工创建良好的工作环境、打造公平公正的晋升机制、提供优厚的福利待遇，还应当重视让员工在工作中获得成就感、满足感、认同感，实现自我价值。

3. 促进良性竞争

要想消除员工的惰性，让员工在工作当中积极进取，企业就需要引入良性竞争机制。竞争会让员工产生危机意识，企业要向他们传达这样的信息：如果不努力前进就有丢失工作的可能。员工感受到危机自然会努力工作，企业的经济效率便能提高了。

4. 清楚奖罚有度

企业设置的奖罚机制一定要遵循适度的原则。奖励过多可能会让员工产生自满心理，丧失斗志；奖励太少又无法激发员工的积极性，甚至会让员工感到被轻视。过重的惩罚可能会让员工觉得不公平，引起员工的懈怠和不满情绪，甚至产生报复的念头；过轻的惩罚又无法使员工意识到问题的严重性，一再犯同样的错误。

5. 建立公平公正的企业规章制度

公平公正的规章制度应该涵盖企业的方方面面，例如招聘、绩效考核、薪酬制度、晋升制度等。每一个有失公正的条款都可能挫伤员工的积极性，从而破坏激励的作用，阻碍企业发展。

6. 避免"一刀切"

并不是每个员工都适合同样的激励方法，实行"一刀切"式的激励会导致事与愿违。一切事物都是处于变化之中的，企业的激励制度也应当随着其他条件的改变而不断变化。科学的企业制度拥有很强的稳定性和适应性，然而激励机制应和市场需求以及员工需求相适应。一成不变的激励制度会导致企业与市场、员工的需求相背离，从而不能激起员工的斗志及进取心，无法起到激励作用。

作为一个称职的管理者，倘若只会给员工设立目标，发号施令，并不能有效激起员工的进取心，也无法顺利完成目标。因此，管理者一定要牢记，激励的终极目标是激发员工的斗志和创造力，促使员工努力工作，向着企业的目标积极进取。

优势互补，使团队效益最大化

世界上不存在十全十美的完人，即便是人们口中的"全才"，也只是相比普通人更有才华而已。一个人的力量是有限的，再优秀的人要想实现自身的价值，也需要借助群体的力量。所以，企业要想取得发展，将团队的作用发挥到最大，就必须将人才资源进行合理搭配，实现优势互补。

唐太宗李世民之所以能够开创贞观之治，就是因为他会识人用人，并造就了一个举世无双的人才群体。世上最难衡量的便是人心，而有才华之人的性情更是难以琢磨。所以，会识人、驭人，再基于此整合人才资源，构建一个优势互补的团队，便是领导者取得成功的关键。唐太宗深谙此道，才能将手下各类人才安排到适合的岗位上，取长补短，最终创造了人才数量的高峰。

李世民刚登基时，国家的各种组织、机构都不完善，为了能将贤能之士安排到合适的岗位上，建立一个高效、完整的机构，李世民绞尽脑汁，最后通过多番观察和慎重考虑，他进行了以下部署。

魏徵好与人争论，且心中牢记谏诤之事，于是唐太宗授予魏徵谏议大夫一职，专门负责向皇帝进谏。

房玄龄做事认真有恒心，接到命令便立即去做，于是唐太宗授予他中书令一职，负责掌管国家军务、政务，厘清皇帝委派的各类事务，协助皇帝管理国家大事。

李靖文武双全，军事才能卓著，因此唐太宗便让他抵御东突厥，后又远征吐谷浑。

由于唐太宗李世民知人善任，他组建的人才团队彼此协作，优势互补，终于开创了大唐盛世。

国内著名人力资源专家顾家栋将进出公司的员工划分为三类：第一类员工拥有强大的执行力，但他们做事冲动，不计后果；第二类员工喜欢空想，他们总是在权衡利弊，却从不将计划付诸实践；第三类员工擅长的是传播八卦，他们最感兴趣的不是策划也不是执行，而是公司内部的各种小道消息，比如谁和谁的关系如何。

顾家栋称第一类员工为没脑子型；第二类员工为胆小鬼型；而第三类员工，被评价为不务正业型。顾家栋说这三类员工都不能用。听完上述说法，也许有的企业领导者会觉得顾家栋的说法过于偏激，试想倘若一家公司就只有这三类员工，但是这三类员工又不可以用，那公司该如何运行呢？

对于上述的疑问，顾家栋是这样解释的：管理者认为公司缺乏人才，并不是由于所有的人才都不可用，而是由于管理者无识人、驭人的本领和整合团队的意识。比方说，倘若第一类员工被分配到企划部，那么他极有可能搞不明白企业战略的各类小细节；如果将第二类员工安排到销售部，他也可能因为缺少强大的执行力而无法完成业绩。可是若是将这两类员工搭配起来，取长补短，把他们的岗位调换一下，进行优势互补，那么就能创建一个截然不同的团队。而第三类员工，管理者可以试着将他们转化成企业的'润滑剂'，让他们专门负责沟通工作，抑或是把他们变成掌握企业运行状况的利器。

一加一等于二的数学常识放到人才资源整合方面，经过合理搭配，便能发挥出等于三、等于四……乃至更大的效果。反之，倘若搭配不当，结果也可能变成零，甚至负数。因此，企业领导者在进行优势整合时，除了要结合每个人的才干、实力，还要注意他们的性格、优点、缺点，从而构建出一个人尽其才的团队，将每个人的能力发挥到最大。

综上所述，管理者合理用人的关键在于能否对人才进行整合，以及对众多岗位进行有效配置。企业当中"全才"不可多得，占比重较大的当属"偏才"。"偏才"并非无用，将他们好好地整合起来，便能组建一个完整的"全才"团队。一个卓越的管理者会努力搭建一个优秀的人才群体，借助优势互补、有效整合的手段激发出人才的力量，而不是一味地苛求"全才"。

所以，一个称职的企业管理者，既要了解人才个体对企业的作用，还要有能力构建起强大的人才群体，把各种性情的员工组合在一起，并给他们安排最适合的职位，从而让人才与人才之间相互竞争、相互启发、团结协作，建立起一个可持续发展的团队，最终借助这种手段使团队的效益发挥到最大。

总之，真正优秀的管理者更加倾向于整合公司中的各种人才，通过取长补短的方式发挥出每个人才的最大价值，最终使建成的新型人才团队迸发出强大力量。

让员工学会守时

守时是一种美德，更是一种文明的表现；守时是对别人的尊重，更是对自己的尊重。

最近，龚弘明跳槽到了一家科技公司。这家公司不仅薪资高、福利好，领导还特别关心员工，最重要的是这家公司唯才是举，不搞论资排辈那一套，可以说是新时代的年轻人最喜欢的那种公司了。龚弘明对新公司满意极了，只有一点让他难以忍受，那就是公司对考勤的管理异常严格，上班迟到1分钟，就会扣除全勤奖。

一次，龚弘明感冒了，可他还是坚持去上班了，因为担心病情加重会影响工作，他就在上班途中去药店买了一些药。当他进公司时，距离上班时间仅仅过了3分钟。龚弘明对此不以为意，他想自己带病来上班，怎么说也是值得表扬的。可不承想，他这边药还没吃上，经理常毅就过来把他批评了一顿。龚弘明当场就怒了，他大声说道："不就是3分钟吗？有什么大不了的，又不会影响我今天的工作，我下班的时候加班补回来还不行吗？还不允许人生病了……"他越说越来气。

常经理就这么听他发泄，没有打断他，等龚弘明说完，他才颇有感慨地说："小龚，你千万别以为我是在针对你。你是不清楚，公司把守时看得多么重要。之前在开月会时，有一位同事就因为迟到了 1 分钟，被老板当场辞退了。你今天迟到 3 分钟，你以为这是小事吗？"接着，他给小龚讲起了下面的这个故事。

一次，铁路巨头范德比尔特约一个小伙子上午 10 点在他的办公室进行谈话。时间到了的时候，范德比尔特却没见着小伙子的身影。由于他的时间很有限，他便去参加另外一个会议去了。几天后，范德比尔特又见到了这位小伙子，便问他上次为何没来。小伙子回答道："先生，我来了啊，我是 10 点 20 分到的。"

范德比尔特说："但我们约定的时间是 10 点钟。"

"没错，我知道。"小伙子吞吞吐吐地回答，"可我只晚到了 20 分钟呀，这应该不影响什么吧。"

"你错了！"

范德比尔特一脸严肃地说："一个人是否守时，是一件非常重要的事。就以此事而言，因为你上次没能准时赴约，你已经失去了一份理想的工作。"

原来，范德比尔特特别看好这个小伙子，当时铁路局正好有一个职位空缺，他本打算推荐这个小伙子，正好这个小伙子也很向往这份工作。只可惜，因为迟到的 20 分钟，范德比尔特没有举荐他，最后铁路局录用了其他人。

团队中的管理者没有严谨的时间观念，团队的风气将会大受影响。例如早上上班，你迟到 1 分钟，他迟到 5 分钟，时间久了，是十分不利于工作的开展的：例如，你刚要开始讲今天的工作安排，有人急匆匆跑进来说自己迟到了，你的思路就会被打断，之后你重整思路，刚要继续刚才的话题时，可能又有人冲进来……这样一来，团队的效率会受到严重影响。

员工如果连上班时间都不能遵守，那么对于公司的其他规定也会产生轻视心理。所谓"千里之堤，溃于蚁穴"，如果管理者对上班迟到这种小事不重视的话，员工就会放松警惕，觉得犯点儿其他错，应该也没什么问题。久而久之，员工就会越发懈怠，且变得难以管理。

管理者对员工的这种行为应及早防范，公司上下班时间的规定应严格执行，以培养员工的时间观念。员工做到严格守时后，管理者再逐步培养其严谨的工作态度，团队就可以像钟表一样精准运行了。

想要培养守时的员工，具体来说，管理者应做到以下三点。

1. 要让员工认识到守时的重要性

员工只有自己意识到守时的重要性，才能更好地遵守制度，才能在工作中更有责任感。面对经常迟到的员工，除了进行一定的惩罚，管理者还要与之谈话，让他们明白守时的重要性。

2. 制定健全的奖惩制度

公司应制定健全的奖惩制度，例如，"全勤奖"制度、"迟到罚金"制度等。对严格守时的员工一定要给予奖励，而在处罚方面，注意不要太苛刻，不然会适得其反。

3. 管理者应起到表率作用

管理者不能只严格要求员工，而宽松对待自己。因为开会迟到 5 分钟，联想创始人柳传志就曾主动在办公室外面罚站。管理者以身作则，是诠释规章制度权威性的最佳证明。在管理者的带动下，员工必然会严格管理自己的时间。

高效前行，离不开立即行动

有一句话说得特别好："决定是银，行动是金。"无论多么伟大的构想，多么美好的愿望，都离不开立即行动。只有行动，才会有结果。

一位伞兵教练曾坦言："跳伞最难的地方就在于准备跳伞的过程。因此在伞兵们做好准备后，我每次都命令他们尽快跳下去。因为我见了太多人，拖得越久，越是害怕，越是做不到。因为在准备的过程中他们会幻想很多场景，甚至有人会吓得晕过去。"由此可见，只有立即行动，才能助自己渡过难关，走向成功。

一位记者采访过一位知名企业的董事长，对方的回答给他留下了深刻印象。记者首先问道："你把企业经营得这么成功，这中间遇到过什么阻碍吗？"董事长说："当然！什么风风雨雨都经历过。"记者又问："当你遇到难关时，怎么办呢？"董事长回答："立即行动！"记者继续追问："当你遇到特别大的压力时呢？"董事长回答："立即行动！压力不会自行消散，只有行动起来才能化解。"记者又问："在家庭生活中遇到困难呢?""还是立即行动!"董事长如是说。由此可见，那些成功人士之所以能够成功，是因为他们不管遇到什么困难都不退缩，而是迎难而上，因为他们明白只有行动才能战胜困难。

任何一个人的人生都不可能永远顺遂，痛苦、磨难总会不期而至。当遭遇挫折时，不要一味消沉、抱怨，这样对解决问题来说是于事无补的。只有行动起来才能改变现状。

小雅是一个漂亮而聪明的姑娘，她从小看到电视节目中那些优雅大方的主持人就羡慕不已。她家境优渥，爸爸妈妈都是大学教授，所以她从小就接受了良好的教育。上了大学以后，她更加心心念念地想成为一名节目主持人。

她觉得自己在主持方面很有天赋，因为朋友们总说，她的声音很好听，她非常有亲和力，和她聊天很舒服，非常愿意把自己的心里话告诉她。所以她经常挂在嘴边的一句话就是："只要有人愿意给我一次上电视的机会，肯定会发现我是一个做主持人的好苗子。"

但是，小雅为了实现这个梦想做了什么努力吗? 事实上她除了想，什么也没做。既没有考取相关的资格证，也没有增加自己的知识广度。有的朋友劝她去参加主持人比赛，她又迟迟不肯行动。她只是一直在等待着别人主动发现她的天赋，时间就在她的等待中蹉跎过去了。

理想在彼岸，现实在此岸，要想到达心心念念的彼岸，就需要不断行动。然而在现实生活中，有很多人都像小雅那样不肯行动，那么他们美好的理想，终究会变成空想。

为什么永远只有少数人可以获得成功？那些沦为平庸的大多数人就真的毫无智慧、毫无远见吗？其实不是的。他们之所以平庸，就是因为他们每次遇到挫折时都打退堂鼓。他们不知道行动的可贵，想得很多却做得很少，所以他们没有机会很好地去运用自己的远见和智慧。

如果一个团队中有这样的成员，轻则使得整个团队效率低下，重则使得团队目标难以实现。所以，高效团队需要的是那些执行力强的员工，只有大家共同行动，团队与个人才能一步步接近所追求的目标。

管理者要想带出一个高效前行的团队，首先自己要行事高效，雷厉风行，然后用自己的行动力去影响团队中的每一个成员。当整个团队都处于一种紧张、高效的氛围中时，那些总是犹犹豫豫、不肯行动的人也会被感染。当然如果有人总是不肯做出改变，跟不上优秀团队的节奏，管理者就应将其移除。

所以说对于那些想做的事情，赶快付诸行动吧！否则你一定会被优秀的团队抛弃，成为一个碌碌无为的人。